I0030942

Comment jouer collectif

Annie Batlle
Laurence Baranski

Comment jouer collectif

Éditions
d'Organisation

Éditions d'Organisation
Eyrolles
1, rue Thénard
75240 Paris Cedex 05

DANGER

LE
PHOTOCOPILLAGE
TUE LE LIVRE

Le code de la propriété intellectuelle du 1er juillet 1992 interdit en effet expressément la photocopie à usage collectif sans autorisation des ayants droit. Or, cette pratique s'est généralisée notamment dans l'enseignement, provoquant une baisse brutale des achats de livres, au point que la possibilité même pour les auteurs de créer des œuvres nouvelles et de les faire éditer correctement est aujourd'hui menacée. En application de la loi du 11 mars 1957, il est interdit de reproduire intégralement ou partiellement le présent ouvrage, sur quelque support que ce soit, sans autorisation de l'Éditeur ou du Centre Français d'Exploitation du Droit de copie, 20, rue des Grands-Augustins, 75006 Paris.

© Éditions d'Organisation, 2005

ISBN : 2-7081-3299-7

Sommaire

Avant-propos VII

Préface d'Hervé Sérieyx. X

Première partie
Comment jouer collectif

Apprendre à apprendre. 12

Sur la voie de l'apprenance 19

La marche vers l'entreprise apprenante :
changer deux fois 20

Les petits pas : des personnes,
des moments, des projets, des équipes apprenantes 24

Les PME plus douées pour les réseaux. 35

À propos des outils de management. 44

Conclusion. 55

Une recette d'apprenance : être et rester apprenant 58

Jeu-test : Appréciez vos connaissances (Humour !) 65

Deuxième partie
Devenir un groupe apprenant

Des apports singuliers :
le casting du groupe entreprise TP-TS 70

Une dynamique collective : naissance et développement
du projet Interactions TP-TS 107

Troisième partie
Sur le terrain :
y croire et s'entraîner

Conclusion : apprendre, expérimenter, pratiquer 201

Bibliographie. 204

Blog du livre

« *L'un des objectifs premiers du groupe Entreprise TP-TS était d'identifier un collectif de personnes sensibles aux idées développées dans cet ouvrage. Ceux du projet Interactions TP-TS sont de relier les initiatives et les acteurs, et de créer une dynamique visible et mobilisatrice.*

Vous souhaitez nous faire part de vos remarques, témoigner, ou encore participer ? Nous vous invitons à nous contacter. Nous poursuivons ainsi avec vous la réflexion et/ou l'action.

Écrivons ensemble la suite…

Courrier : contact@jouer-collectif.net

Site du projet Interactions TP-TS : www.interactions-tpts.net

Espace entreprise TP-TS interactif sur le web : www.jouer-collectif.net

© Éditions d'Organisation

Avant-propos

Jouer collectif, faire jouer les interactions !

Nous avons beau savoir que le tout est plus que la somme des parties, qu'il s'agisse d'une société, d'une famille, d'une équipe, d'un corps humain, d'un cerveau, ... nous avons du mal à réaliser que ce qui fait la vie, la valeur de l'ensemble, ce sont les liens, les interactions transformatrices entre leurs différents éléments. Plus les échanges sont denses, riches, plus l'ensemble est capable d'évoluer. Quand les échanges sont pauvres et se raréfient, tout système court à sa perte. Vivre, c'est créer et entretenir des relations. Le changement ne se fait que par l'ajustement, la transformation des relations. « Les interactions structurent le monde. »[1]

La valeur de l'entreprise tient à la richesse des interactions qui s'y développent entre les individus et entre les individus et la collectivité. Elles configurent la façon dont

---

1. *Avec Internet, où allons-nous,* Serge Soudoplatoff, Le Pommier, 2004.

chacun travaille, coopère, fonctionne en dépit ou au-delà de l'organisation officielle décrétée sur le papier.

Cette vision de l'entreprise, système de liens, débouche sur une nouvelle conception du rôle du management désormais concentré sur l'enrichissement et l'activation des relations plutôt que sur leur formatage. Seuls les échanges renouvelés en permanence, équilibrés, permettent, dans la mise en synergie de toutes les intelligences, d'affronter les turbulences d'un environnement de plus en plus complexe, d'inventer, d'apprendre, de changer en profondeur et de durer. De jouer collectif. Et d'assurer simultanément l'indispensable autonomie et l'implication des différents acteurs, en osant une organisation apprenante. Cette vision ouvre aussi sur une autre idée de la compétition. Comme le dit Albert Jacquart : *« Elle pourrait se jouer non pas les uns contre les autres, mais les uns avec les autres »* et *la performance devrait être « d'arriver à être meilleur que soi, plutôt que meilleur que l'autre. »*

C'est à partir de ces convictions partagées que le projet Interactions Transformation Personnelle-Transformation Sociale[1] a pris naissance en 2001 au sein du réseau *Transversales Science Culture* en lien avec d'autres associations et

----

1. Interactions TP-TS, nous n'avons pu échapper au sigle.

© Éditions d'Organisation

personnes animées par le désir de contribuer à la naissance d'un monde plus respectueux de la vie et plus solidaire. Il réunit des praticiens, chercheurs, et « simples citoyens » qui partagent le même credo : « *Pour changer le monde, nous ne pouvons faire l'économie de nous changer nous-même.* » Plus précisément, le projet a pour objectif de propager au sein de nos sociétés l'idée suivante : si nous créons des organisations, des familles, des équipes, des écoles, des associations, des entreprises, concevons-les de façon à ce qu'elles permettent à tous de se développer, de « grandir en humanité », pour que chacun contribue à son tour au développement collectif. Alors les sociétés seront plus ouvertes, plus généreuses, moins destructrices.

Plusieurs chantiers de réflexion ou d'action ont été ouverts : que serait l'école si elle fonctionnait selon la dynamique Transformation Personnelle-Transformation Sociale ? Quelles sont les valeurs émergentes au sein de nos sociétés et en quoi se rapprochent-elles de la dynamique TP-TS ? ; l'écologie au cœur de la transformation personnelle et sociale ; la diffusion des outils et méthodes au service du développement de relations de coopération…

© Éditions d'Organisation

Préface d'Hervé Sérieyx[1] : stratégie du boucher ou stratégie du boulanger ?

L'entreprise de nos emplois est en danger de mort. Cette conception – très française – d'une entreprise qui serait avant tout une communauté de personnes réunies pour « gagner leur vie » en produisant des biens et des services susceptibles de satisfaire des clients tout en dégageant un profit qui permette d'investir pour assurer le futur, d'augmenter les salaires et de rémunérer d'une façon convenable les apporteurs de capitaux, cette conception-là risque d'avoir bientôt vécue.

L'irruption grandissante de fonds anglo-saxons dans le capital d'un nombre croissant de grandes entreprises françaises menace directement, et à très court terme, cette conception de l'entreprise sur laquelle reposait jusqu'à maintenant une large part de notre contrat social.

« L'activité de General Motors est de faire de l'argent, pas des voitures » écrivait déjà Alfred Sloan, son président lors de la décennie 1970[2]. Dans cette acception, l'entreprise est une « machine » conçue pour faire fructifier les apports du collectif des actionnaires qui se sont réunis pour la créer.

---

1. *Coup de gueule en urgence*, Hervé Sérieyx, Eyrolles, 2004. Il a animé le groupe Entreprise TP-TS de 2002 à 2004.
2. *Mes années à la General Motors*, Alfred P. Sloan, 1963.

© Éditions d'Organisation

Depuis le début des années 1990, c'est très exactement ce que théorise le concept de *corporate governance*.

D'origine anglo-saxonne, *la corporate governance* constitue l'ensemble des règles qui permettent aux actionnaires de s'assurer que les entreprises dont ils détiennent des parts sont dirigées en conformité avec leurs propres intérêts, particulièrement dans le cas des groupes complexes cotés en Bourse. Partout dans le monde, ces règles s'organisent autour d'un schéma à trois étages : les actionnaires réunis en assemblée générale délèguent leur pouvoir de contrôle à un conseil d'administration (ou de surveillance) qui, lui-même, supervise l'action opérationnelle de la direction générale de l'entreprise. En bref, il s'agit de rappeler à la direction générale et aux managers qu'ils sont placés sous la tutelle d'un conseil d'administration qui garde la maîtrise de la stratégie, une stratégie qui doit d'abord satisfaire les attentes des actionnaires.

C'est dans ces dernières années que les dirigeants économiques et financiers anglo-saxons ont décidé que les conseils d'administrations devaient reprendre « à rênes courtes » le pilotage de l'entreprise en soumettant des managers qui avaient un peu trop tendance à croire que l'entreprise leur appartenait et qu'ils pouvaient en faire leur propre terrain d'aventure et d'expériences. Le *London Stock Exchange* lance le mouvement dans les années 1990 avec le rapport Cadbury ; des scandales comme Enron et Worldcom

© Éditions d'Organisation

conduiront les Américains à promulguer en 2002 une loi, dite *Sarbanes Oxley Act*, qui impose à tout conseil d'administration d'entreprise faisant appel à des capitaux d'origine américaine des conditions très exigeantes de fonctionnement garantissant que celle-ci travaille bien essentiellement pour satisfaire ses actionnaires.

Comme il suffit que 20 % du capital soit d'origine américaine pour que la loi Sarbanes-Oxley s'applique et qu'un nombre important et croissant de grandes entreprises françaises sont déjà dans ce cas, on mesure combien notre conception traditionnelle de l'entreprise « collectivité humaine durable » se trouve dorénavant menacée ; d'autant plus que, pour créer toujours plus de valeur pour l'actionnaire, ces grandes entreprises sont obligées à leur tour de répercuter cette exigence sur la chaîne de tous leurs sous-traitants et fournisseurs, métastasant ainsi l'ensemble de notre tissu de PME-PMI.

En France, on avait considéré jusqu'à présent que si l'entreprise devait respecter les intérêts de ses actionnaires, elle représentait aussi une réalité sociale, avec ses finalités propres qu'il fallait prendre en compte autant – sinon plus – que les attentes des apporteurs de fonds. Pour tenter de retarder chez nous l'arrivée – apparemment inéluctable – du modèle anglo-saxon (« l'entreprise est faite pour ses actionnaires »), différents rapports français (rapports Viennot, Marini, Bouton) se sont efforcés, tout en s'inspirant

© Éditions d'Organisation

des évolutions britanniques et américaines, de conserver à l'aventure entrepreneuriale un peu de son autonomie. Il n'empêche : l'accroissement considérable du rôle des administrateurs indépendants, l'influence accrue qui leur est donnée dans les comités d'audit, de nomination et de rémunération, le renforcement du droit de regard du conseil d'administration sur la stratégie et l'activité opérationnelle de l'entreprise, et la récente accélération des révocations – à l'américaine – des PDG confirment une tendance lourde ; le capitalisme anglo-saxon a triomphé du capitalisme rhénan. Il s'agit d'un véritable cancer. Nous n'avons pas encore pris conscience de sa gravité alors que cette nouvelle conception de l'entreprise peut mettre à terre tous les fondements de notre protection sociale et dissoudre les liens qui nous permettent de faire société. Dans les négociations et les débats sociaux franco-français, nous nous affrontons sur les règles d'un jeu qui n'est déjà plus celui auquel nous croyons encore jouer. Nous pensons jouer encore au Jeu de l'oie alors que c'est déjà le Monopoly. Et c'est d'autant plus dangereux qu'à l'Allemagne près, tous les autres partenaires européens semblent s'embarquer dans cette voie.

La cause semble entendue : dorénavant, en France comme ailleurs, c'est pour l'actionnaire que travaillera l'entreprise. Bien sûr, cela ne veut pas dire que celle-ci ne s'intéressera qu'aux performances financières à court terme ; les grandes entreprises familiales comme Peugeot, Auchan ou Michelin ont suffisamment montré qu'elles savaient

© Éditions d'Organisation

privilégier le long terme et, somme toute, celui qui possède un portefeuille de valeurs « de père de famille » ou l'actionnaire d'un fonds de pension a tout intérêt à jouer la durée. Pourtant, ne rêvons pas, la dictature croisée des indices boursiers, des analystes financiers et des gestionnaires de fonds, elle-même renforcée par l'action perverse de ceux qui spéculent sur les produits dérivés, pousse la *corporate governance* à maximiser la performance financière à court terme.

Les nouveaux types de plans sociaux illustrent la force de cette évolution. Il y a vingt ans, on était licencié parce qu'on n'était pas compétent ; il y a dix ans parce qu'on grevait les prix de revient ; il y a cinq ans parce qu'on avait la malchance de travailler dans les activités externalisées. Dorénavant, on court le risque d'être licencié parce que le rendement du capital investi est jugé trop faible par les actionnaires.

Les enjeux sociétaux d'une telle évolution, pour un pays comme le nôtre, sont trop importants pour qu'on accepte passivement de la laisser développer son cours. À court terme il ne s'agit pas bien sûr de se dresser contre l'invasion des capitaux et des concepts anglo-saxons : on n'arrête pas un raz de marée avec un dé à coudre. Mais il s'agit de plaider et de prouver que seules pourront produire, à l'avenir, des résultats durablement attractifs pour leurs actionnaires, les entreprises qui sauront se constituer en communautés humainement soudées, socialement responsables, soucieuses

© Éditions d'Organisation

de contribuer à l'enrichissement de leurs environnements, dotées d'organisations apprenantes capables de développer l'autonomie et le discernement de chacun de leurs acteurs et leur lucidité collective ; des entreprises qui sauraient inventer des organisations telles que s'amorce, en spirale vertueuse, la dialectique permanente entre développement personnel et progrès collectif.

Il s'agit de faire comprendre aux décideurs économiques que la pire façon d'atteindre leurs objectifs c'est de généraliser leurs pauvres raisonnements de comptables et qu'on n'obtient aucun gain durable avec des mercenaires démobilisés, dans une société émiettée, atomisée, alors même qu'émerge, dit-on, une économie de l'intelligence qui postule l'engagement des personnes et la mise en réseau volontaire des compétences.

Ce livre affirme que toutes les entreprises peu à peu mourront, ainsi que les profits qu'on en escomptait, si l'on oublie qu'elles sont, avant tout, des aventures collectives, des communautés d'hommes et de femmes qui y jouent une partie de leur vie, une partie de leur dignité, une partie de leur développement personnel et de leur relation à l'autre. Il souligne qu'en raison même de l'extrême fragilité des entreprises, seule forme sociale soumise à la considérable concurrence du monde, c'est d'abord là que va se gagner ou se perdre la bataille de l'humanisme ; c'est d'abord là qu'on pourra mesurer si la mondialisation peut garder un visage

© Éditions d'Organisation

humain ou si la stupidité de logiques purement comptables la précipitera vers « la bêtise à front de taureau ».

Les auteurs de ce livre ne sont pas des rêveurs ; ils ont observé nombre d'entreprises qui parviennent à rester dans la compétition économique en misant sur le dynamisme collectif de leurs équipes, tout en se refusant à les lobotomiser par des slogans réducteurs et des discours manipulateurs. Elles comptent sur des formes d'organisations – « apprenantes » – qui savent activer et développer les interactions entre les hommes et les femmes ; qui permettent aux acteurs qu'elles réunissent de conjuguer développement personnel et développement de l'ensemble, favorisant ainsi, en retombée de ce progrès sociétal, une bonne performance économique. Même le capitalisme mourra s'il méprise les personnes : l'entreprise n'a d'avenir que dans l'altérité.

Dans un des ouvrages qui ont établi sa renommée[1], Gary Hamel rappelait qu'il existe deux manières d'accroître la performance d'une entreprise : la *« stratégie du boucher »* qui consiste à trancher dans les coûts – et en particulier à couper les effectifs – et *« la stratégie du boulanger »* qui s'efforce de faire lever la valeur ajoutée en faisant en sorte que les femmes et les hommes de l'entreprise mobilisent leur intelligence individuelle et collective. Seule la stratégie du boulanger peut durablement produire une société à la fois plus riche et plus humaine.

---

1. *Managing for the future*, Gary Hamel et C. K. Prahalad, Dunod, 1999.

© Éditions d'Organisation

Première partie

Comment jouer collectif

Comment imaginer une croissance économique possible sans progrès social pour la soutenir ? Ce livre est une profession de foi. Nous croyons qu'il existe des formes d'entreprise qui permettent de gérer les évolutions permanentes et de résoudre les contradictions du monde actuel, de trouver des dynamiques conjuguant les différents intérêts particuliers et l'intérêt général.

Selon l'image utilisée par Hervé Sérieyx, entre « *la stratégie du boucher* » coupeuse de coûts et de cous, et « *la stratégie du boulanger* » qui s'efforce de faire lever les intelligences, nous choisissons la seconde, convaincus en outre que l'intelligence se partage comme le pain et, miracle, se démultiplie si on joue collectif.

Seule la stratégie du boulanger peut durablement produire une société plus riche et plus humaine.

Si l'entreprise veut survivre au jeu constant de « construction/destruction / reconstruction » qu'impose le rythme des innovations, elle doit aider à s'épanouir en son sein les forces créatives qui favoriseront son renouvellement. Cet élan « de l'intérieur » passe par une reconnaissance de l'apport de chacun au projet de tous.

Réduire l'entreprise à une boîte noire, machine à faire des profits financiers auxquels est le plus souvent circonscrite la notion de « valeur », mène manifestement à des absurdités.

© Éditions d'Organisation

C'est ce qu'illustre le cas de Thomson Multimédia, condamnée par les financiers, proposée à la vente pour un franc symbolique, et dont on connaît le redressement spectaculaire. Pour André-Yves Portnoff [1], des erreurs dans ce sens et en sens inverse se produisent parce que les analystes classiques négligent le capital immatériel de l'entreprise constitué notamment par les capacités relationnelles, l'intelligence collective, l'aptitude à innover, coopérer, se mobiliser dans un climat de confiance. *« Le capital réel d'une organisation est le résultat des synergies entre les individus, entre eux et la collectivité, et c'est la qualité de ces interactions qui crée de la valeur. »*

Certes l'entreprise, par définition, a toujours été le siège d'interactions entre les individus et la collectivité, mais ces interactions ont été codées, limitées, souvent sclérosées dans l'entreprise traditionnelle par l'organisation hiérarchique autoritaire. Dans une économie « quaternaire », une économie de l'immatériel et du réseau où la valeur ajoutée se fonde sur « l'intelligence ajoutée », sur l'innovation, et donc sur les capacités de création des personnes, l'intensité, la qualité, la stimulation, et l'équilibre de ces échanges sont indispensables.

---

1. André-Yves Portnoff dirige l'Observatoire de la révolution de l'intelligence au sein du groupe Futuribles et a développé une méthode d'évaluation du capital global des organisations.

© Éditions d'Organisation

Car aujourd'hui il faut apprendre à véritablement conjuguer les intelligences entre elles pour les faire progresser et faire progresser l'intelligence collective. **Il s'agit de passer de l'addition à la multiplication**. Ce qui constitue une véritable révolution dans l'art de mener l'entreprise. Alors que dans « l'addition », le sens donné à l'action individuelle est important mais pas crucial, dans la « multiplication » le sens donné à l'articulation entre la transformation personnelle et l'évolution du projet commun prend une place capitale.

Le fait que les interactions soient créatrices de valeur – au sens de valeur globale et de l'intérêt bien compris de tous – a été mis en évidence sur le plan théorique par l'approche systémique. Des méthodes d'analyse de la complexité ont été explorées depuis une trentaine d'années pour percer les mystères d'un monde qui apparaissait comme de plus en plus chaotique, mais sans pour autant se généraliser ni être mises systématiquement en pratique. Elles ont néanmoins inspiré les approches de la gestion du changement que l'on a vu se multiplier ces dernières années dans les entreprises. Un système ouvert, notion fondamentale du paradigme de la complexité, vit des interactions entre ses éléments constitutifs, et entre eux et l'environnement. Plus ces liens et ces interactions sont denses, plus le système est performant, plus il a de chances d'atteindre ses objectifs quelles que soient les perturbations de son environnement. Parce qu'il se transforme en permanence en évoluant. Cela est

© Éditions d'Organisation

vrai pour une ruche, une équipe sportive, une organisation terroriste, et pour une entreprise ou toute autre organisation (association, ONG, groupement de quartier…). Le système a une performance différente, inférieure ou supérieure à celle que devrait produire la seule addition de ses composants car ce sont les synergies créées par les liens entre les éléments qui comptent : 1+1 fait autre chose que 2. Einstein disait : « *Tout ce qui compte ne peut pas être compté et tout ce qui ne compte pas peut l'être.* » Ainsi en va-t-il des interactions. Mandfred Mack, dans *Pleine Valeur*[1], développe de façon à la fois lumineuse et concrète les différentes formes de la valeur dans l'entreprise et les processus de transformation qu'elle subit. Il montre comment l'interactivité entre ces processus (conception / fabrication / distribution / etc.) et les différents acteurs (y compris les clients) est créatrice de « pleine valeur ». « *L'entreprise doit être exubérante.* »

Comment faire pour que les interactions soient multipliées au sein des entreprises et que toutes les intelligences se développent ?

Une des voies ouvertes est celle de l'organisation apprenante qui émerge à la fin des années 1960. C'est à la même période que se précisent les contours de la société de l'information, du savoir, des services, de l'innovation, société dont la matière première est l'information, l'intelligence,

© Éditions d'Organisation

---

1. *Pleine valeur,* Mandfred Mack, Insep Consulting Editions, 2003.

l'immatériel. Du coup, les limites de l'entreprise hiérarchique fordienne, qui assigne à chacun sa place et lui définit ses tâches sans se préoccuper d'enrichir son potentiel, apparaissent clairement à certains. En France, Jean Boissonnat et Sylvestre Seurat[1] opposent dans un article qui fit grand bruit les organisations « anthropogènes » (qui développent les acteurs qui œuvrent en son sein) aux organisations « anthropophages » qui tendent à « rétrécir au lavage » ceux qui y travaillent et amputent ainsi l'intelligence collective. Dans cette logique, une série d'auteurs vont s'engager sur la nécessité de rendre les entreprises plus « intelligentes » afin qu'elles puissent affronter la complexité du monde. Aux États-Unis, en Europe, le concept d'organisation apprenante *(learning organisation)* popularisé en particulier par Peter Senge[2] se dessine progressivement alors que se forgent et se développent les approches de la complexité. Pour cet enseignant du MIT, l'organisation apprenante est *« Une organisation qui sait se développer et utiliser ses connaissances pour effectuer les changements nécessaires à sa survie et à sa durée ».* Changement, durée, connaissances ; le décor est planté.

Toute entreprise est, qu'elle le veuille ou pas, « apprenante » car elle vit dans le temps irréversible et

---

1. Alors président d'Eurequip.
2. *La cinquième discipline*, Peter Senge, First, 1991. Initiateur du réseau SOL, Society for Organisationel Learning que nous évoquons plus loin. Il est l'un des fondateurs du mouvement « Spirit in Business ».

© Éditions d'Organisation

6

porte en elle l'empreinte de tout ce qu'elle a vécu et qui l'a transformée. Le concept « d'organisation apprenante » va plus loin : il désigne beaucoup plus que la seule apprenance naturelle de ceux qui veulent s'adapter et survivre. Il concerne les organisations qui inscrivent dans leur stratégie la volonté de perfectionner l'apprentissage de la vie et d'en faire un élément d'enrichissement permanent de leur capital. Même, et c'est toujours le cas, si cet apprentissage implique une modification et une évolution des systèmes de croyances, d'action, et de représentations (Agyris et Shon, 1978)[1].

Et nous suivons Hervé Sérieyx qui démontre qu'on peut analyser les modes de fonctionnement de ce type d'organisation en utilisant les principes fondamentaux de « la pensée et de l'agir complexe » qui sont ceux de la vie même.

Pourquoi une théorie aussi séduisante a-t-elle été si peu popularisée ?

Sans doute parce que dans un contexte d'évolutions relativement lentes, les entreprises ont refusé longtemps que le changement puisse être permanent, pour elles aussi, que les risques ne soient pas complètement prévisibles, voire planifiables, que les savoirs soient éphémères, que les dirigeants ne puissent pas tout résoudre et qu'il leur arrive de

---

1. *Tous responsables*, Jacques Igalens, Éditions d'Organisation, 2004.

© Éditions d'Organisation

se tromper ; qu'on ne prévoie, qu'on ne crée qu'ensemble, et que le capital humain, si peu « fiable », soit la principale richesse de l'entreprise. Sans doute aussi parce que permettre à une organisation d'être apprenante, c'est reconnaître que pour obtenir l'apport de la majorité des acteurs, jusque-là soumis, obéissants, et dans l'attente de la directive, il devenait indispensable de leur faire confiance et de relâcher le contrôle qui légitime la plupart des chefs. Et certainement parce que l'apprenance touche à des notions comportementales que l'on voulait extérieures à la vie de l'entreprise. Dans le combat pour réussir, l'ordre a ainsi toujours devancé l'envie de faire ensemble. Aujourd'hui l'état d'esprit occupe une place centrale dans la réussite partagée. L'envie individuelle d'apprendre pour progresser collectivement devient une dimension majeure de la pérennité des entreprises.

Actuellement, qui peut nier le fossé croissant entre la complexité du monde et notre capacité à le comprendre ? Qui peut encore soutenir que les vieilles recettes sont efficaces pour trouver des solutions ? Qui peut refuser le fait qu'on ne peut pas obliger les personnes à être intelligentes, et que le sens des responsabilités, l'autonomie, la capacité de créer et d'innover passent par la confiance et le respect et non par des ordres et de l'exécution ? Même Alain Minc, libéral grand teint et peu suspect de sensiblerie, déclare : *« L'entreprise c'est du capital, du travail et de la confiance ! »* L'entreprise apprenante, qui réveille les intelligences et

© Éditions d'Organisation

active les interactions, exige la confiance mutuelle pour progresser ensemble et donc sa traduction au quotidien dans les actes et les comportements managériaux. Pas facile pour les petits et grands chefs.

La méfiance engendre la méfiance et le désinvestissement des individus

Jean-François Manzoni et Jean-Louis Barsoux ont étudié les interactions entre les dirigeants et leurs subordonnés[1]. Ils en ont interviewés plus de 3 000 sur plusieurs années. Ils ont mis en évidence que la plupart des dirigeants classaient instinctivement leurs collaborateurs en deux groupes : les performants et les moins performants. Ceci à partir non pas d'une évaluation mesurée des résultats, mais d'impressions provoquées par des comportements : attitudes réservées, « respect jugé insuffisant » à l'égard de la hiérarchie, propension à critiquer ou à se plaindre. Dès lors, un cercle infernal s'enclenche. Les patrons reconnaissent qu'ils accordent plus d'autonomie et de confiance aux « bons », et qu'ils contrôlent davantage les autres tout en les écoutant moins et s'impatientant plus facilement... Le collaborateur n'a bientôt plus qu'à se désinvestir, jouer les victimes, ou partir. Rompre ce cercle implique une prise de conscience du mécanisme à l'œuvre, la volonté d'en sortir, un dialogue ouvert et la négociation bilatérale d'engagements réciproques. Cette

---

1. *Relations difficiles au travail*, Jean-François Manzoni et Jean-Louis Barsoux, Village Mondial, 2004.

© Éditions d'Organisation

initiative peut être provoquée par le responsable, cela arrive, certains se faisant aider par des coachs ou même des collaborateurs. Un des vice-présidents de Fanny Mae, le géant américain de l'hypothèque, ayant pris conscience de l'effet de son propre comportement sur ses collaborateurs a sollicité l'aide de deux de ses collègues, son président et un subordonné, pour pointer ses faiblesses et contrôler leur amélioration. Pour le salarié, rompre ce mécanisme est plus difficile, mais c'est possible en refusant le rôle de victime et en faisant preuve de courage et d'intelligence de la situation. Une occasion de provoquer une clarification et un nouveau départ…

La confiance génère la performance individuelle et collective. Comment Carlos Ghosn, débarquant au Japon en 1999, venant de chez Renault, a-t-il construit une alliance modèle de coopération avec **Nissan** et sauvé le constructeur automobile japonais qui sombrait ? Comment en a-t-il fait une entreprise de classe mondiale ? Comment a-t-il pu s'imposer, lui l'étranger, à des troupes déprimées à qui il devait demander de lourds sacrifices ? Par le respect, la confiance et le partage d'informations qui va avec. Il s'est immergé dans la culture japonaise, a appris la langue, le maniement des baguettes, a visité et réuni tous les employés en leur exprimant son estime pour leur professionnalisme. Il a organisé des groupes de travail pour débattre des problèmes et de la nouvelle stratégie. *« Il est plus facile de changer de personne que de changer les personnes »* déclare-t-il volontiers. Et il a engagé toute son énergie pour changer leur état d'esprit. C'est lui aussi qui s'exclame : *« On ne peut diriger sans écouter. »* En deux

© Éditions d'Organisation

ans, Ghosn, le « gaidjin » (terme peu élogieux pour un étranger) est devenu « Ghosn-San » (Monsieur Ghosn). Actuellement, Nissan représente l'essentiel des profits de Renault.

Sans cette confiance réciproque *à l'intérieur* de l'entreprise, pas d'initiatives, pas de sens des responsabilités, pas d'innovation possible. Impossible d'imaginer construire la confiance des parties prenantes, des clients en particulier, si l'entreprise n'est pas solidaire. *« La solidarité est le seul remède à la complexité »* rappelle Edgar Morin.

Pour apprendre vite, les entreprises ont ces dernières années utilisé différents moyens au service d'objectifs plus ou moins ponctuels. De nombreuses grandes entreprises ont privilégié l'acquisition et la gestion de compétences externes par le recrutement, le partenariat, l'externalisation. C'est par exemple la voie choisie par Général Electric qui a ainsi assimilé des compétences hors de son domaine d'origine comme celui des appareils d'images médicales et services financiers… et qui se présente comme « un conglomérat ». De même Cisco a racheté des dizaines de start-ups par an pour obtenir leur savoir et leurs innovations.

L'entreprise apprenante, guidée par le souci de sa pérennité et celle de son environnement, propose une autre voie : celle du développement interne des compétences de tous, à tous les niveaux, tout le temps, par la mise en relation des personnes et du système global d'intelligence et d'action.

© Éditions d'Organisation

Elle est à la fois plus prometteuse et plus difficile à mettre en place car elle implique un type de management auquel la majorité des managers n'est pas préparée. Elle implique d'autres valeurs, un état d'esprit et des comportements radicalement différents de la part de tous les responsables et employés. Au sens premier, « apprendre » c'est « changer les comportements », comme le fait le petit humain à une vitesse stupéfiante. Il ne faut surtout pas sous-estimer la rupture culturelle impliquée par tout apprentissage.

Apprendre à apprendre

Apprendre, c'est reconnaître qu'on ne sait pas : modestie et pragmatisme

L'entreprise patauge ou a l'air en forme ? Admettons qu'à titre collectif et individuel, il soit difficile de savoir « pourquoi ». Et comme le changement s'accélère, même si la firme recrute des diplômés, la validité de leur formation est vite périmée ; même si l'entreprise organise des formations spécifiques, celles-ci seront rapidement obsolètes ; même si elle achète des compétences nouvelles, il faudra les faire évoluer. Elle n'en saura jamais assez. Elle doit donc s'organiser pour apprendre en permanence : « apprendre à apprendre » de ses salariés, des concurrents, des partenaires, des clients…

© Éditions d'Organisation

Pour se mettre en place, cette démarche exige un préalable : la lucidité nécessaire pour remettre en question les savoirs et les procédures passées existantes. Sans cela, l'entreprise n'enclenche pas de processus apprenant. Elle s'enferme dans des certitudes qui peu à peu l'étoufferont.

Apprendre, c'est utiliser l'expérience de tous

Le partage des responsabilités entre « ceux qui détiennent le savoir » et les autres n'a plus de sens dans des sociétés où le traitement et la transmission de l'information deviennent les sources principales de la productivité et du pouvoir[1], l'heure est au partage des connaissances dont chacun dispose, à la circulation des informations : sur l'histoire, l'environnement interne et externe de l'entreprise, les méthodes de travail... On peut s'étonner de constater combien, après dix ans de croissance ininterrompue, les entreprises américaines ont été déboussolées par la récession de l'année 2001-2002. Le savoir de la gestion d'une entreprise en période récessive avait été complètement oublié.

La mémoire ne tue pas l'imagination. General Motors a rappelé en 2001 de sa retraite Bob Lutz, soixante-neuf ans, patron de la firme au début des années 1990 pour insuffler son expérience à des équipes peu habituées aux périodes de récession. Celui qu'on appelle un *« real car guy »* était entré à GM en

---

1. *L'ère de l'information : Tome 1. La société en réseaux,* Manuel Castells, Fayard, 1998.

© Éditions d'Organisation

1963 puis avait occupé des fonctions importantes à BMW, FORD, Chrysler. Responsable du développement des produits, on lui doit depuis lors, notamment la Pontiac GTO et la Solstice. Il incarne quarante ans d'histoire de l'automobile au service d'une vision des attentes des consommateurs à l'heure d'internet. Il proclame volontiers que la vitesse de mise sur le marché est plus importante que la finition des études et des détails.

Apprendre, c'est se servir de toutes les expériences terrain pour innover plus vite

La réussite de l'innovation tient aujourd'hui largement à la mise en œuvre de l'apprentissage permanent en boucle. L'idéal consiste à exploiter rapidement les enseignements de chaque lancement pour améliorer les nouveaux produits ou services en organisant une boucle de remontée d'informations. Leur interprétation permet un apprentissage et une amélioration continue des performances, de génération en génération.

L'innovation naît de l'apprentissage permanent. C'est ce qu'illustre la stratégie de Toshiba dans le lancement de ses portables. Le constructeur a lancé trente et un modèles entre 1986 et 1990, dont le tiers avait déjà été retiré du marché quand IBM a présenté son premier portable en 1991 sur un marché largement éclairé et dominé par le japonais et Compaq[1]. La stratégie de Toshiba a consisté à effectuer un apprentissage

---

1. *La conquête du futur*, Hamel Gary et Prahalad C. K., Dunod, 1995.

© Éditions d'Organisation

aussi rapide que possible de la technique et des réactions des clients en multipliant les modèles, en étudiant aussitôt leurs forces et faiblesses, en n'hésitant pas à reconnaître ses erreurs successives pour en tirer les leçons sur les modèles suivants. La rapidité des essais et erreurs a permis d'accumuler une expertise que la puissance de ses structures d'étude n'a pas apporté à IBM qui n'a jamais pu s'imposer sur un marché que le précurseur a dominé pendant très longtemps. La méthode d'essais et erreurs de Toshiba implique une culture particulière et rare (en France notamment) : valorisation de la prise de risque, goût de l'expérimentation, relations non conflictuelles entre personnes et équipes, droit à l'erreur, processus de décision rapides. Le terrain est la plus riche source d'enseignements ; exactement comme peindre d'après nature enseigne plus à l'apprenti peintre que copier une photo, voire un grand maître…

Apprendre, c'est ne pas se laisser piéger par ses succès et tirer parti de ses échecs

Peter Drucker déclare : « *Il est difficile de convaincre quelqu'un qui a réussi en appliquant ses propres méthodes, qu'il pourrait faire mieux s'il en changeait* », et surtout quand les temps changent.

Dans son ouvrage *Le prix de l'incompétence*[1] Christine Kerdellant analyse plusieurs bonnes idées et stratégies devenues « mortelles ». Ainsi le **Club Med,** dont le succès a été dû à une vision anticipatrice des loisirs et à une « gestion familiale », a-t-il souffert, au bout de trente ans

1. *Le prix de l'incompétence*, Christine Kerdellant, Denoël, 2000.

© Éditions d'Organisation

d'existence, de l'absence d'actualisation de la vision dans un contexte renouvelé (le concept « *sea sex and sun* » s'étant largement répandu) et de sa gestion restée celle d'une PME.

Certaines erreurs ont été commises ? Affichons que nous nous sommes trompés, soyons sûrs que nous nous tromperons encore, et tentons de tirer la leçon de ces échecs. Dans son ouvrage *Pourquoi les grands patrons se plantent*[1] Sydney Finkelstein raconte les aventures de ceux qui ont pris la « grosse tête » après avoir été des stars. Ce sont ceux qui ont fait des erreurs et qui en ont analysé les raisons, qui ont ensuite eu les plus grands succès.

L'arrogance liée au succès engendre l'aveuglement. Byong Chull Lee, fondateur de Samsung, en a fait un géant de l'électronique. Il décide en 1995 de se lancer dans le secteur automobile, malgré les signes évidents de faiblesse du marché automobile en général et du marché intérieur coréen : il est sûr de sa force et de ses méthodes. Mais c'est un échec retentissant. Il est passé outre tous les avertissements et a obtenu les autorisations officielles à l'arraché compte tenu de son influence. Son cercle rapproché (trop homogène, vive la diversité !) n'osant le contredire. Ce désastre rapide et la suppression de Samsung Motors devait servir d'avertissement à une firme qui ne connaissait que des succès et qui était dominée par le propriétaire et directeur général.

---

1. *Quand les grands patrons se plantent*, Sidney Finkelstein, Éditions d'Organisation, 2004.

© Éditions d'Organisation

Un grand patron doit écouter, apprendre, susciter le débat, la contradiction. On ne gagne jamais un match tout seul.

« Notre problème, c'est nous. » Arrivant en 1993 chez **IBM** avec un regard neuf, Lou Gestner constate que « *la firme est prisonnière des règles de succès qu'elle a codifiées au cours de son passé glorieux, et de l'assurance de ses ingénieurs* ». C'est ce qui lui a fait rater le virage de la micro et tarder à prendre celui des services en restant sourde aux changements du marché et aux attentes des consommateurs. Comme l'a dit le nouveau patron de Boeing, Mc Donnel Douglas, en 1997 en arrivant dans la firme : « *Notre problème, c'est nous.* »

Reconnaître ses torts, c'est être capable de se transformer. Certaines entreprises, comme Boeing, Colgate et d'autres, ont mis au point des systèmes d'exploitation de leurs erreurs, dûment répertoriées, et en tirent des plans d'amélioration continue.

Apprendre, c'est sans cesse ouvrir grand ses yeux et ses oreilles

Au volant, la vue et l'ouïe, c'est la vie ; dans l'entreprise aussi. Il faut voir loin, montrer le chemin pour pouvoir le tracer. C'est « la vision » qui se nourrit de tous les signaux forts et faibles détectés dans l'environnement interne et externe, de toutes les suggestions les plus timides et pas seulement des études marketing qui ne font que récupérer les demandes déjà formalisées par les clients.

© Éditions d'Organisation

17

Ils voient loin, ils écoutent... Steve Job (**Apple**) à l'affût des évolutions technologiques et comportementales a ainsi anticipé le marché de l'informatique personnelle et ses conséquences révolutionnaires qu'IBM et ses ingénieurs enfermés dans leur tour d'ivoire ont d'abord ignorés. Michael Dell, à l'écoute de ses clients, a « vu » l'intérêt qu'ils auraient à commander et recevoir directement un ordinateur sur mesure. De même, Ingvar Kamprad (**Ikéa**) a initié astucieusement une coproduction fructueuse avec ses clients. Il avait « entendu » leur demande de baisser les prix et observé leur goût croissant pour le bricolage.

Dans son ouvrage *Sentiers d'innovation*, André Yves Portnoff[1] montre à travers plusieurs exemples le rôle de l'anticipation dans l'accompagnement du changement de l'entreprise.

Innover, c'est oser. La société **MPO** (Moulage Plastique de l'ouest) ne fabriquait en 1981 que des disques en vinyle et des cassettes vidéo (qui allaient être rapidement marginalisés par les CD). Elle a été la première, bien avant les grands producteurs de disques qui hésitaient à acheter des licences de production des CD, assumant ainsi le risque de cannibaliser ses propres produits. Elle a investi en équipements et formations pour maîtriser des processus qu'elle ne connaissait pas. Résultat : elle a profité de la croissance du nouveau marché et créé plus d'un millier d'emplois en France, Espagne, Irlande et Thaïlande. Elle est aujourd'hui le premier presseur indépendant européen.

---

1. *Sentiers d'innovation, (Pathways to innovation)* André-Yves Portnoff, Collection Perspectives, Futuribles, 2004.

© Éditions d'Organisation

Sur la voie de l'apprenance

Trois questions pour un auto-diagnostic

Notre organisation est-elle réellement compatible avec les finalités d'une entreprise qui mise sur les personnes, leur autonomie, leur développement, leur volonté de coopérer ? Si la réponse est « non », c'est-à-dire si l'entreprise apparaît strictement hiérarchique, cloisonnée, si elle encourage seulement l'esprit de compétition entre les individus au détriment de la dimension collective, il faut absolument être prêt à la faire évoluer, décentraliser les décisions, récompenser l'esprit d'équipe, la coopération.

Notre stratégie favorise-t-elle systématiquement les profits financiers à court terme par rapport au long terme ? Dans ce cas, elle a peu de chances de survivre à long terme et il faut accepter d'intégrer la durée dans l'ensemble de nos réflexions stratégiques et de s'exercer à trouver des compromis entre les deux contraintes, celles du court et du long terme.

Notre potentiel humain est-il considéré comme la principale richesse de l'entreprise ? Croyons-nous que pour une entreprise « intelligente » d'aujourd'hui, la source essentielle de création de valeur est dans les richesses humaines ? « Croyons-nous que la valeur est construite par la Bourse ou par le travail ? »[1] Si nous pensons toujours que les personnes sont

---

1. *Quand les RH construisent la croissance*, Serge Blanchard, Éditions d'Organisation, 2005.

© Éditions d'Organisation

une simple ressource, il faut soit abandonner tout de suite l'idée de faire évoluer l'entreprise durablement, soit changer de vision et se persuader que les capacités d'apprentissage de chacun sont aussi importantes que leurs compétences.

La marche vers l'entreprise apprenante : changer deux fois

Le monde de l'entreprise est hétérogène. Aucune entreprise ne ressemble à une autre. Chacune a son histoire, sa culture, son capital matériel et immatériel. Il n'y a pas de modèle prêt à porter ou à consommer de l'entreprise apprenante, car l'apprenance est un processus toujours inachevé et qui peut être remis en question du jour au lendemain. C'est ce qui en fait toute la difficulté. Il y a néanmoins quelques principes propres à la pensée complexe à graver dans les esprits et au fronton des entreprises. Elles devraient orienter les décisions. L'organisation apprenante, quelle que soit la forme qu'elle prendra, doit permettre leur mise en œuvre et leur maintien.

– **Développer l'autonomie des personnes** pour encourager leur créativité, pour qu'elles puissent faire face rapidement aux diverses sollicitations de l'environnement, et innover. Le concept d'autonomie est inséparable de celui d'organisation dans les systèmes complexes. *Le principe d'auto-organisation : délégation / confiance.*

© Éditions d'Organisation

- **Communiquer sur la direction et les objectifs,** dans le dialogue et le débat, pour **partager la vision** (encore faut-il qu'il y en ait une, et c'est majeur) et que tous aillent dans le même sens. C'est le versant indispensable de l'autonomie. *Le principe de l'hologramme : donner du sens / donner le sens.*

- **Cultiver la diversité** des profils, des points de vue pour répondre à la diversité du monde et des situations. *Le principe de la diversité requise.*

- **Respecter l'environnement** pour préserver des échanges équilibrés avec la société. *Le principe de la coévolution créatrice : se développer ensemble.*

- **Accepter et dépasser des logiques contradictoires** pour qu'elles dynamisent l'entreprise, s'enrichissent mutuellement et débouchent sur des compromis féconds. *Le principe dialogique : gérer les contradictions / dépasser les conflits.*

- **Construire une organisation qui s'efforce de grandir en faisant grandir les siens,** qui devient apprenante en aidant les différents acteurs à devenir apprenants. Tous les processus de production et d'autoproduction doivent être cohérents avec l'ambition « anthropogène » de l'entreprise apprenante : système de gestion, recrutement, évaluation, style de relations… *Le principe de récursivité positive.*

Ces règles de « **vie** » sont celles qu'ont respectées toutes les organisations vivantes qui ont survécu au cours de

© Éditions d'Organisation

l'histoire de l'humanité en dépit d'environnements hostiles, parce qu'elles ont appris et qu'elles ont changé. Elles correspondent à la pensée complexe qui s'est donc développée pour palier les insuffisances de la logique rationnelle, linéaire de l'ère de la machine et des ingénieurs. Elles interagissent les unes avec les autres, sont indissociables et complémentaires. Chacune d'entre elles favorise les liens entre les personnes d'une part, et entre les individus et la collectivité d'autre part. À tous les niveaux, elles stimulent l'apprentissage individuel et collectif. Elles auront du mal à se développer dans une organisation hiérarchique, verticale, cloisonnée et ont plus de chances d'être instaurées et perpétuées dans des organisations horizontales, en réseau, à l'image des structures biologiques. « *La vie n'a pas conquis le globe par le combat, mais par la constitution de réseaux* » précisent les biologistes Sagan et Margulis[1] qui démontrent que les mécanismes de coopération, de partenariat, de « grappage », de groupement et de « *clustering* » (regroupements, amas) ont davantage joué en faveur de la vie que ceux de la concurrence.

Appliquer ces règles n'est ni naturel ni facile quand on a été structuré, en France en particulier, par un certain type d'éducation basée sur les rapports d'autorité, la transmission du savoir entre les maîtres « sachants » et les élèves « ignorants », la rétention d'information. Comportements

---

1. *What is Life*, L. Margulis, D. Sagan, Simon & Schuster, 1995.

© Éditions d'Organisation

qui sont renforcés en outre par des diplômes censés maintenir à vie les savants en position de pouvoir, le tout mâtiné d'une vision rationalisante et réductrice de la réalité découpée en morceaux pour mieux la soumettre.

L'application cohérente de ces principes implique une transformation des regards et des approches pour transformer les pratiques. Un développement de ce que Peter Senge appelle la Cinquième discipline. On y retrouve :

- « la pensée systémique » « ou pensée complexe », qui est la pensée et la pratique centrée sur les interactions ;
- « la maîtrise personnelle », qui n'est autre que le développement personnel c'est-à-dire la connaissance de soi et de ses modes de relation avec autrui ;
- « la vision partagée », dont chacun est porteur et qu'il associe à sa vision personnelle du projet collectif ;
- « la maîtrise des modèles mentaux », plus précisément le courage et la lucidité d'identifier des schémas de pensée qui limitent et freinent la progression de l'apprenance et du groupe ;
- « l'apprentissage en groupe », capacité à créer du savoir ensemble, à l'utiliser, et le transformer ainsi en compétences et en actions.

© Éditions d'Organisation

Car comme l'a si bien dit l'École de Palo Alto, pour changer il faut changer deux fois : non seulement les choses mais aussi la manière de les voir[1].

Les petits pas : des personnes, des moments, des projets, des équipes apprenantes

Peu d'entreprises s'engagent toutes entières dans le processus d'apprentissage permanent et sont capables de décider de passer du jour au lendemain « de la pyramide au réseau », de l'apprentissage distribué d'en haut à celui de tous, par un coup de baguette magique.

On voit bien par exemple que ceux qui essaient d'entraîner leurs entreprises dans cette voie comme les membres du réseau SOL International – Society for Organisational Learning (qui réunit en France notamment : le Crédit Mutuel, Danfoss / Socla, France Télécom, Renault, Solvay, l'Unedic…) fondé par Peter Senge – s'ils partagent tous des convictions communes et la foi dans l'organisation apprenante, vivent des expériences très différentes. Nombreux expriment qu'ils connaissent effectivement en interne des situations proches de la schizophrénie car alors qu'ils avancent localement à grandes guides, des décisions stratégiques

---

1. *Changement*, Paul Watzlawick, John Weakland, Richard Fisch, Points, 1975.

© Éditions d'Organisation

peuvent venir contrecarrer sévèrement leurs efforts, voire les torpiller. Mais nombreux aussi témoignent d'expériences passionnantes et de leur détermination à continuer à semer des graines pour l'avenir. La transformation des individus qui ont participé à ces aventures n'est jamais sans conséquences pour eux, ni pour leur environnement.

Il y a des personnes, des projets, des équipes apprenantes qui jouent collectif dans de multiples lieux. Et des moments privilégiés pour se lancer dans des transformations profondes. Nous en avons sélectionné quelques-unes qui montrent des voies d'accès à l'apprenance.

Choisir des dirigeants inspirés

À l'origine d'expériences apprenantes, on trouve souvent des leaders inspirés, des visionnaires qui insufflent un élan qui traverse toutes les rationalités et les torpeurs gestionnaires.

Activer les intelligences. Lorsque Steve Jobs revient aux commandes d'**Apple** en 1995 (dont il s'est fait renvoyer pour mauvais caractère et mauvaise gestion), la société est en grande difficulté. Que fait-il pour renouer avec le succès ? « *Il charme les gens* » comme le dit son successeur éphémère Gil Amélio[1]. Il en tire le meilleur parce qu'il leur communique notamment sa vision de l'émergence du marché

---

1. *Apple Pixar mania*, Cyril Fievet, Eyrolles, 2004.

© Éditions d'Organisation

de la musique numérique et du rôle qu'Apple peut y jouer en tant que pionnier. Il a constitué depuis longtemps des équipes très diverses et passionnées qu'il considère *« comme des artistes »* et qui ont confiance en lui. Certains l'ont suivi et sont revenus avec lui. Il fixe avec précision des objectifs et orientations des recherches, mais stimule la créativité en permanence. Les débats sont enflammés et les contestations volent. En outre, et en dépit d'une histoire chaotique – des luttes au couteau et des procès médiatiques – il pactise, en août 1997, avec Bill Gates, et déclare : *« Nous devons abandonner quelque chose ici. Nous devons oublier l'idée selon laquelle pour que Apple gagne, Microsoft doit perdre. »* Les deux entreprises s'engagent à construire la prochaine génération de logiciels pour Macintosh. Cherchez, vous verrez que les cinq principes de la pensée complexe sont appliqués. Plus récemment, les dirigeants inspirés d'Apple ont « sauvé » leur entreprise en lançant le fameux Ipod, petit lecteur individuel de fichiers musicaux en MP3, qui est devenu un succès planétaire. En 2003 Apple a vendu plus d'iPod, baladeurs numériques, que de Mac.

Difficile néanmoins de savoir si Apple résisterait à un nouveau départ de son patron, si l'entreprise elle-même est suffisamment apprenante pour générer en permanence des visions nouvelles et des projets innovants. Le rôle « d'activation », de catalyse et d'animation des dirigeants, et leur implication, sont essentiels et rien n'est jamais gagné. La bonne gestion, économe, rationnelle ne suffit pas pour maintenir ni développer le capital immatériel. En l'absence de Steve Jobs, Apple n'avait fait qu'ajouter des

© Éditions d'Organisation

numéros à ses Mackintosh. Audace et vision s'imposent désormais à la tête des entreprises qui veulent rester en vie.

Mobiliser les équipes sur des projets

Le projet partagé est l'un des meilleurs catalyseurs d'enthousiasme et d'apprentissage individuel et collectif : savoir où on va (un objectif clair), dans un calendrier précis, savoir comment y aller (des moyens déterminés), s'appuyer les uns sur les autres et être volontaire. *« Un projet comporte un but à atteindre dans un contexte particulier. Il réunit des acteurs multiples aux compétences différentes ; s'inscrit dans une dynamique et un espace de temps limité »*. Les règles du succès sont inscrites dans l'idée même de projet. Le tout souvent accompagné d'une visibilité stimulante, interne et externe. On connaît en particulier les grands projets de l'industrie automobile, inspirés du toyotisme et des méthodes anti-gaspillage ou Qualité, tels que la Twingo chez Renault, la Smart...

Des projets qui obligent à travailler ensemble. C. Midler[1] retrace la création du modèle Twingo chez **Renault** : techniciens, stylistes, fournisseurs, achats, directions, production... tous ont dû travailler ensemble. L'ensemble bénéficiait à la fois du soutien des directions et d'une communication qui avait emporté l'adhésion des acteurs. Les

---

1. *L'auto qui n'existait pas, management des projets et transformation de l'entreprise,* Christophe Midler, Dunod, 2004.

© Éditions d'Organisation

réunions étaient tenues « au plus près du terrain », les débats d'idées constants, l'appel à la mémoire des expériences permanent.

Des projets La petite Smart (la Swatch mobile)
qui incitent imaginée par l'inventeur de la Swatch,
à la coopération. Nicolas Hayek, a été mise au point par le
groupe **Daimler / Chrysler**. Sous la triple pression de la volonté radicale d'innover, d'aller très vite et de dépenser peu, les responsables ont inventé une extraordinaire ingénierie de partenariats : au niveau du financement, celui-ci était constitué d'un consortium de banques, d'institutions locales, régionales et nationales. La voiture comportait une dizaine de modules, chacun étant confié à une entreprise partenaire et associée qui avait participé à la conception d'ensemble et qui coopérait sur la ligne de montage. À Smartville (Forbach, France), l'architecture est modulaire, les partenaires, logés dans des bâtiments à proximité du bâtiment central, reçoivent leurs livraisons propres et alimentent en direct la chaîne. Les fournisseurs ne sont payés que quand les véhicules sont achevés mais ils sont assurés d'un chiffre d'affaires minimum et bénéficient des retombées de la recherche. Même si l'entreprise a connu des difficultés et si le coût de la Smart s'est avéré et s'avère toujours trop élevé, l'expérience est pleine d'enseignements. Il faut rappeler que Nicolas Hayek a eu un mal fou à faire accepter son projet par les constructeurs automobiles traditionnels. L'idée de penser autrement la construction d'un véhicule n'entrait pas dans leurs schémas rigides et classiques. Actuellement, les coopérations initiées pour la réalisation de la Smart gagnent ces constructeurs après une bonne décennie[1].

---

1. *La voiture qui a changé l'entreprise*, Jean-Pierre Guth et Gérard Naulleau, Éditions d'Organisation, 2003.

© Éditions d'Organisation

Des projets qui déteignent sur l'organisation. Aujourd'hui **Renault**, fort de son expérience en gestion de projet, pratique systématiquement la conception intégrée qui fait intervenir en amont les acteurs qui définissent le produit, le process, et les services. Les acteurs ont été rapprochés de la conception sur le plan physique et organisationnel. Trente-trois « groupes fonctions » différents, sortes de PME, partagent et échangent.

Développée d'abord dans le secteur de la production lourde, et en particulier dans le secteur automobile imprégné par la gestion rigoureuse de la qualité, la gestion de projet s'est étendue à tous les secteurs y compris à l'immatériel (gestion de projet de changement par exemple) et est devenue un mode de management. Transversaux, les projets compensent généralement les défauts de l'organisation classique *(staff and line)*, le cloisonnement, le manque de communication, la lenteur, la routine, l'uniformité des profils, puisqu'ils font appel à des membres appartenant à différents services ou directions. Permettant la confrontation d'expériences, le travail par projet facilite l'apprentissage de nouvelles capacités. Qui dit projet, dit équipes mobilisées pour le succès.

Des projets qui décuplent les énergies. L'équipe de « la nouvelle numérotation » de France Télécom (passage au 00 pour l'international et au 02, etc. dans l'Hexagone) entièrement investie par le désir de réussir l'opération et de montrer que les fonctionnaires techniciens (désormais surclassés

© Éditions d'Organisation

par les commerciaux) étaient capables d'excellence a donné le meilleur d'elle-même. Elle était animée par « les anciens », ceux de la première numérotation électronique appelés à la rescousse. L'opération d'une grande complexité technique impliquait des centaines de professionnels. L'équipe a mobilisé toute l'entreprise pour préparer et finaliser le changement. Au jour « J », tout a marché de façon totalement transparente pour les clients. Cette capacité de l'entreprise à mener des grands projets apprenants est tout à fait spécifique à France Télécom. Il en fut de même pour l'électronisation du réseau, le passage à l'euro, pour le projet de « l'École des réseaux » qui a soutenu la transformation des techniciens en vendeurs et pour bien d'autres équipes. Cela ne revient pas à dire que l'entreprise en sa totalité soit devenue apprenante. Actuellement sa stratégie semble plutôt axée sur le court terme, la diminution des coûts en personnel, et la valorisation des actions en Bourse. Mais ces espaces de création, de liberté et d'imagination collective constituent des forces et des réserves d'énergie pour affronter l'adversité.

Des projets qui transforment les personnes. La vice-présidente du groupe **Schlumberger**, Simone Amber, a créé à partir de la Fondation Schlumberger *The Seed project innovation.* L'idée était de répondre aux besoins des pays en développement en matière de technologies de l'information et de la communication et de relever les défis de l'enseignement des sciences dans le monde en utilisant les ressources matérielles et immatérielles de Shlumberger. L'entreprise est implantée dans 140 pays, riches d'ingénieurs et d'experts scientifiques. Un réseau de plus de 1 000 volontaires a été constitué. Ces volontaires

© Éditions d'Organisation

partagent leurs connaissances et leur temps, par le biais d'un centre scientifique en ligne multilingue, avec des écoles défavorisées que les antennes locales du groupe ont contribué à équiper et à connecter à internet. 155 000 élèves de 10 à 18 ans appartenant à 112 établissements de 30 pays ont été connectés. Pour la fondatrice : *« Cela n'a pas bouleversé le groupe en son entier mais les scientifiques qui partagent leur savoir et leur temps, ont découvert qu'ils pouvaient aider les autres. Ils ne pourront plus vivre sans se sentir utiles socialement. Les témoignages de ceux qui se sont engagés dans l'aventure, ingénieurs, administratifs, secrétaires, assistants reflètent leur enthousiasme. Certains y consacrent sur place des semaines sabbatiques, avec la bénédiction de leurs responsables. »* Simone Amber a été détachée à plein temps sur cette animation de réseau. Le groupe manifeste par son soutien son identification à ses valeurs essentielles : la foi dans la science et dans le partage du savoir.

Il y a donc, même si les projets se dissolvent inéluctablement dans le temps et l'espace, un apprentissage organisationnel progressif à partir de l'apprentissage individuel.

L'équipe sportive : Jouer avec les autres. Il existe depuis plusieurs années, et en développement constant, une espèce d'organisations apprenantes familières : ce sont les clubs de sport collectif de haut niveau engagés dans les championnats de premières séries et les compétitions internationales. La mutation des **clubs sportifs** de rugby par exemple est une conséquence de la professionnalisation de ce sport, sur le modèle des équipes de l'hémisphère Sud et des Îles britanniques, et de la multiplication des espaces de

© Éditions d'Organisation

compétition, régionaux et mondiaux. Pour faire face à une concurrence de plus en plus relevée, il ne suffit pas de réunir un groupe de joueurs plus ou moins doués : il faut à la fois aider les individus à développer leurs potentiels personnels (physiques, intellectuels, mentaux) et surtout créer un collectif où chaque équipier joue pour l'équipe, dans un enchaînement de vision du jeu, d'anticipation des tactiques adverses et de choix des partenaires les mieux placés pour surprendre les défenses, y ouvrir des brèches et faire la voie aux partenaires lancés qui finissent le mouvement dans l'en-but adverse. Plus rien à voir avec le « rugby de papa » où régnait la discipline pré-installée de gestes individuels stéréotypés : il s'agit désormais de jouer ensemble, de communiquer, de lire en permanence les points forts du dispositif créé par les siens pour y apporter sa contribution. Et l'expérience montre que cette libération des joueurs pour les intégrer à l'équipe passe d'abord par la confiance qu'on leur manifeste.

Mais plusieurs de ces clubs, « apprenants » avec conviction sous la houlette d'entraîneurs charismatiques, sont encore à la traîne dans les domaines de l'administration et de la gestion, financière en particulier. Il est apparemment difficile de devenir apprenant à 100 % d'un coup.

© Éditions d'Organisation

L'équipe, lieu idéal de l'apprentissage individuel et collectif

Le psychosociologue Olivier Devillard[1] définit simplement l'équipe : c'est un système faisant intervenir un chef, un groupe d'équipiers, des pratiques communes et un objectif. Trois principes règlent selon lui le fonctionnement de l'équipe : le principe d'unicité (on parle d'une équipe identifiée) ; le principe de diversité (l'équipe doit être constituée d'éléments diversifiés si elle veut être en mesure de répondre à des situations diverses et aléatoires) ; le principe de finalité car elle vise toujours un objectif. C'est une organisation qui apparaît apprenante par excellence.

Petite ou grande, l'équipe est le niveau idéal et clé de la transformation personnelle et collective. C'est là, dans cet espace à taille humaine, que les expériences apprenantes sont les plus à portée de main. Là que se jouent les interactions les plus fortes entre les personnes, là que peut opérer la coopération démultiplicatrice des savoirs et des savoir-faire pour créer une compétence collective. C'est enfin là que germent des graines de changement, des expérimentations, des habitudes de solidarité qui peuvent se diffuser dans l'environnement. C'est dire l'importance du responsable d'équipe, donc du manager / coach, depuis le n-1 au manager de proximité qui doit être un activateur de talents, et la nocivité de celui qui se contenterait « d'encadrer » en édictant et en contrôlant.

---

1. *La dynamique des équipes*, Olivier Devillard, Éditions d'Organisation, 2003.

© Éditions d'Organisation

Le projet galvanise, mais l'équipe peut aussi être un lieu d'apprentissage et de jeu collectif en dehors de « grands projets » précis, identifiés, dans la mesure où elle a des objectifs clairs et partagés pour exécuter des tâches de production de produits ou de services qui s'inscrivent dans le fonctionnement de l'entreprise : équipes hospitalières au sein d'un établissement, équipes d'entretien d'un hôtel, équipes de fabrication de pièces détachées chez un producteur automobile, équipes de recherche scientifique, équipes de vente dans la distribution… Des équipes bien managées peuvent fonctionner selon les principes que nous avons évoqués sous la houlette d'un bon manager dans le cadre d'une entreprise qui n'a pas encore effectué totalement son virage apprenant. Parce que les résultats sont à la clé, la hiérarchie lui laisse vivre sa vie. Plus il y aura d'équipes apprenantes dans une entreprise, plus l'entreprise évoluera. L'idéal étant que l'entreprise devienne un ensemble ou un réseau d'équipes.

Dès lors que les périmètres de l'entreprise sont moins marqués, que les relations avec les fournisseurs et les clients tendent à devenir un maillage d'équipes, le fonctionnement en réseau prend une place décisive dans l'articulation du travail de tous les acteurs de la chaîne de valeur. Pour réussir, la nouvelle « entreprise étendue » travaille et apprend en réseaux. Ce qui lui permet d'affronter les situations les plus complexes.

© Éditions d'Organisation

Les PME plus douées pour les réseaux

Des histoires apprenantes

Dans notre recherche d'histoires apprenantes, nous avons trouvé des entreprises qui paraissent plus « apprenantes » que d'autres, qui semblent vivre dans l'apprentissage permanent depuis longtemps. Mais bien il y en a d'autres…

Un apprentissage inscrit dans la durée et le réseau. Dirigée depuis vingt ans par Jacques Chaize, l'entreprise **Danfoss / Socla** emploie 400 personnes en France et 250 à l'étranger dans le domaine de la robinetterie et les appareils de régulation. Le chiffre d'affaires a été multiplié par quatre en dix ans passant de 25 millions d'euros en 1983 à 100 millions en 2003. Le changement d'actionnaires en 1993 s'est effectué sans douleur passant d'actionnaires familiaux bourguignons à Danfoss (entreprise globale d'origine danoise, spécialisée dans la réfrigération et la climatisation, le chauffage et l'eau). Pour son patron, pas de doute : le succès durable de l'entreprise est dû à la diffusion de l'apprentissage dans l'entreprise. *« Nous agissons en permanence sur trois niveaux. D'abord nous partageons tous la même grille de lecture des hommes et de l'entreprise : nous croyons que la capacité d'apprendre est fondamentale pour changer, et durer. Tous nos cadres font des séminaires (organisés par le réseau SOL) pour explorer les implications qui résultent de cette fonction : faire partager la vision, faire contribuer tous les acteurs au changement, encourager la participation à des réseaux transverses, apprendre en équipe… Ensuite, pour*

© Éditions d'Organisation

activer ces capacités, nous utilisons des outils, notamment la technique du World café : des membres du personnel sont réunis à tour de rôle et régulièrement s'installent autour de petites tables, comme dans un bistrot. L'animateur propose une liste de questions sur le fonctionnement de l'entreprise ; toutes les tables traitent les mêmes questions en même temps : comment le marketing pourrait-il évoluer ? Qu'avez-vous tiré de telle formation ? Que pensez-vous de la stratégie actuelle ? Un volontaire par table fait le résumé pour l'ensemble de la salle, puis les tables se défont et se refont et on recommence, sur les mêmes sujets ou des sujets différents. Le brassage des idées est rapide et efficace, créateur de partage et de cohérence. Enfin pour ne rien laisser perdre de l'apprentissage, nous avons intégré cette démarche au cœur du processus de certification ISO 9001 version 2000 (certification de services). En veillant bien à ce que les propositions de solutions soient faites et mises en œuvre par ceux qui ont relevé des dysfonctionnements dans le cadre de la revue des projets. »

L'apprenance comme objectif. Beauvais International… deux cents personnes réparties entre Beauvais, Aachen, Milan, Barcelone, Londres, Birmingham, Manchester et Glasgow ; 30 millions d'euros de chiffre d'affaires. Dès 1996, en tant que directeur général de l'entreprise familiale, Marielle Bloch Dolande est bien décidée à en faire une entreprise apprenante. *« Nous gérons des flux, explique-t-elle, notre spécialité est de gérer les approvisionnements européens de sites de production eux-mêmes européens, afin d'offrir excellence opérationnelle, flexibilité, fluidité, accélération et communication. »* Les produits transportés sont multiples : produits de luxe, équipements automobiles, matériels électriques, etc. Dès le départ, la responsable s'est attaquée à deux aspects qu'elle juge fondamentaux : l'organisation et la co-création avec le client. Les dix sites européens sont réorganisés en équipes

© Éditions d'Organisation

apprenantes et autonomes (maximum douze personnes). Chacune d'elles a un manager. Il fait le même travail que les autres mais en outre les soutient, les conseille, les dépanne. Ces managers d'équipes sont eux-mêmes constitués en réseau pour échanger et étudier des questions spécifiques. Au cœur de cette configuration, la direction impulse et guide. Les commerciaux qui démarchent le client se manifestent sans proposition formatée et co-construisent une solution en fonction des besoins industriels qu'ils aident à formuler. C'est : « *L'intimité avec le client. Compte tenu de la souplesse et de la flexibilité de notre fonctionnement, tout est presque possible* », explique la directrice. Le client n'en avait même pas rêvé. Tout repose sur un système informatique centralisé conçu en interne où les dix sites européens sont en interaction simultanée. L'excellence opérationnelle (99,6 % de taux de performance), et la personnalisation client sont obtenues grâce à ce management en équipes apprenantes qui permet plus de professionnalisme, et grâce au recrutement effectué en cohérence étroite avec le management. On recrute et ne retient que des candidats autonomes, capables de coopérer et de mettre les difficultés sur la table. Les gros ego sont proscrits.

L'apprenance dans la crise. Norcom a modifié totalement son mode de fonctionnement à la suite d'une crise grave. Compagnie suédoise prospère de distribution de logiciels créée en 1985, cette entreprise connut une sévère crise en l'an 2000. Et fit un spectaculaire « *turn around* ». La direction élargie s'est livrée en séminaire à une analyse approfondie des raisons de la débâcle : investissements et croissance incontrôlés, contacts réduits avec les clients, les vendeurs et les employés, diversifications peu performantes. L'ensemble du personnel fut consulté.

© Éditions d'Organisation

Une évidence surgit : beaucoup voulaient rester et étaient prêts à engager toutes leurs forces pour que Norcom survive. Un dialogue sur les attentes fut entamé avec les clients, les partenaires et les employés. *« L'ensemble des acteurs a été surinformé et nous avons innové dans tous les domaines »* explique Stephan Skarin. La vision a été revue et partagée, les liens renforcés avec les parties prenantes, un Collectif de direction a été créé et l'entreprise réorganisée en réseau. Bilan : 15 millions de revenus en 2003.

La résilience économique

Le rebond de Norcom illustre la notion de résilience économique[1], ou capacité de résistance d'une organisation à l'adversité. La crise révèle la solidité du tissu humain de l'entreprise. Le management y est mis à l'épreuve de la vérité : il pourra ou non catalyser les expériences ou les idées et en sortir par le haut. L'apprenance est une condition de la résilience.

Les ruptures à tous les niveaux sont désormais le pain quotidien de l'entreprise : rachat ou fusion, réorganisation ou refonte des équipes, changement de poste ou licenciement. Elles sont généralement vécues douloureusement par tous. L'organisation apprenante nous invite à y porter un regard positif et à considérer les crises comme des occasions de rebondir.

---

1. *La résilience économique*, Alain Richemond, Éditions d'Organisation, 2003.

© Éditions d'Organisation

Les grandes entreprises doivent devenir petites

Il semble normal que les PME, plus agiles, dont les équipes sont plus facilement soudées et les patrons plus proches de leurs troupes et plus directement concernés par la pérennité de leur entreprise, aient moins de mal à devenir apprenantes et à le rester que les mastodontes. Seules les entreprises qui se font « petites » en fonctionnant sous forme d'unités à taille humaine et en réseau ont une chance de devenir apprenantes.

Écoute et innovation sociale prennent le pas. La filiale de **Danone**, implantée au Mexique depuis une trentaine d'années obtient des résultats exceptionnels sur le marché des produits laitiers et sur celui des eaux minérales. L'instauration du « double projet », cher à Danone, liant l'économique et le social, est considérée ici par le personnel comme l'ingrédient essentiel du succès. Le double projet a été adapté et mis en place en tenant compte des spécificités locales : en particulier la culture familiale très forte de l'entraide (qui jusqu'ici ne prenait pas corps dans la vie de l'entreprise). Tout le fonctionnement a été conçu sur le modèle de la solidarité et de l'aide mutuelle : les responsables aident leurs collaborateurs et réciproquement. Il s'agit à travers ces aides de « croître », non seulement pour Danone mais pour chacun de ses acteurs. Dans son livre *Le tiers-monde qui réussit*[1], Philippe d'Iribarne montre comment « *les individus, individuellement bien impuissants se sentent, dans cette entreprise, capables de*

---

1. *Le tiers-monde qui réussit, Nouveaux modèles*, Philippe d'Iribarne, Odile Jacob, 2003.

© Éditions d'Organisation

devenir forts collectivement ». L'organisation du travail repose sur des groupes très unis au sein desquels les fonctions tournent (y compris celle du responsable d'équipe). Par ailleurs, un projet « Construisons leurs rêves » consacre un pourcentage du prix de vente des produits, à des enfants en difficulté.

Pour être apprenante, une grande entreprise doit se mailler.

Sodexho, créée en 1996 par Pierre Bellon, est un groupe de 300 000 personnes implanté dans une trentaine de pays, centré sur la restauration et les métiers du service : gestion des bases de vie (mines, plates-formes pétrolières, chantiers dans les déserts…), services aux entreprises et collectivités… Malgré son volume, c'est une entreprise apprenante. Laurent Cousin, directeur du marketing et de la R & D Europe s'en explique : « *Nous sommes structurellement apprenants. Nous misons tout sur les hommes et les femmes du groupe puisque nous exerçons exclusivement des métiers de service et que nous sommes enchaînés au client.* » Enchaîné est le mot. Les équipes de Sodexho (95 %) sont chez le client, sur la plate-forme, dans la clinique, dans le bataillon de militaires en campagne ou non, etc. L'entreprise est subdivisée en 30 000 équipes de dix personnes, une vraie constellation. Si une équipe ne suffit pas, on en rajoute une autre, etc. La holding, elle-même à Paris, ne compte que quelques dizaines de personnes. Les équipes sont donc réduites : toujours 9 + 1, le manager qui est gérant, comptable, responsable, coach, tuteur, etc. La qualité du management et l'apprentissage permanent sont les piliers de base du système. « *Ils conditionnent le contrôle de la qualité qui s'effectue en amont, et non a posteriori comme pour les constructeurs de voitures, qui en bout de chaîne, peuvent corriger les imperfections* » poursuit

© Éditions d'Organisation

Laurent Cousin. « *Chez nous, si le service fourni est médiocre, il est trop tard pour l'améliorer et le client est mécontent. En outre, contrairement aux restaurateurs et hôteliers classiques, nous ne changeons pas de clientèle ; pour ne pas lasser, pour garder nos clients, nous devons sans cesse nous améliorer et faire évoluer nos prestations, nos menus.* » La formation joue un rôle clé, d'autant plus que le groupe s'enorgueillit de systématiser la promotion interne : les employés deviennent les adjoints des gérants puis gérants eux-mêmes. Dans les différents pays, le personnel est local. Les formations concernent le management, la cuisine (délivrées par de grands chefs), les autres métiers de service exercés (car si le client le souhaite, l'entreprise peut le décharger de tous les soucis qui ne concernent pas directement son métier, hôtellerie, entretien, maintenance, transport de courrier). Elles se déroulent généralement sur place et sont suivies par toute l'équipe, manager compris. Pour éviter que les équipes autonomes deviennent trop indépendantes, des réunions régulières sont organisées au niveau régional, national (par pays), et des marchés (européens, asiatiques).

Apprenance et développement humain durable

L'objectif premier d'apprendre à apprendre pour l'entreprise est d'inscrire son destin dans la durée. Le développement durable est donc indissociable de l'entreprise apprenante et de la qualité des interactions à tous les niveaux. Il produit de la durée en respectant les hommes et leur environnement naturel. Qui la produisent durablement à son tour. La notion de développement durable, qui englobe celle de

© Éditions d'Organisation

responsabilité sociale et citoyenne de l'entreprise, celle de l'éthique également, correspond à une nouvelle définition des rapports entre « économie » et « société ». Elle exige une anticipation, un apprentissage individuel et collectif de toutes les décisions, de tous les actes, et donc une responsabilisation de tous.

Les organisations humanitaires doivent apprendre elles aussi

Les organisations humanitaires et les ONG sont-elles naturellement plus apprenantes que les autres ? Jouent-elles plus collectif ? Les valeurs qu'elles véhiculent (partage, coopération, respect...) pourraient le laisser penser. Mais ces organisations n'échappent pas aux scandales éthiques et malversations financières. Et les modes de management n'y sont pas moins autocratiques en certains endroits. Pourtant, là comme ailleurs, on trouve des zones d'apprenance.

Humanitaire, innovation, partage et jeu collectif... À travers l'une de ses activités principales, la collecte et la redistribution d'objets et de vêtements usagés, et à travers l'activité économique et les résultats financiers générés, Emmaüs capte sérieusement l'attention de l'industrie du textile et des vêtements. Le total des produits des communautés en 2002 s'élève à 78,11 millions d'euros, soit une augmentation de 5,9 % par rapport à 2001. Ces produits sont constitués à plus de 85 % par des activités liées à la récupération. Les subventions

© Éditions d'Organisation

ne représentent que 2 % du total des produits[1]. Il s'agit d'une concurrence atypique d'un nouveau mode de redistribution plus solidaire et répondant aux réels besoins et capacités de la clientèle. De forts enjeux financiers et des choix de modèles économiques nouveaux se profilent. Autre innovation d'Emmaüs, le statut de compagnons. Ce statut « hybride » n'est ni celui d'un salarié, ni celui d'un « chômeur ». Toléré, mais pas totalement réglementé, ce statut est de nature à alimenter une réflexion de fond et de société sur le statut des « travailleurs », sur le rapport entre « travail » et « activité », sur la question de la rémunération de l'activité humaine, et sur celle du revenu minimum garanti. Emmaüs a retenu un certain nombre de propositions d'actions pour avancer. Nombre d'entre elles peuvent être qualifiées d'apprenantes et d'interactives : groupes de travail, échanges de bonnes pratiques, actions visant au développement de l'esprit critique, développement d'espaces d'expression, demande de prise d'engagements individuels… Citons l'une d'elles, évoquée au paragraphe *« Pour un monde de paix et non violent »* : *« Développer l'éducation et la formation sur la paix et la non-violence en direction des groupes Emmaüs et des jeunes générations du monde entier : acquisition de compétences dans le domaine de la résolution des conflits, du respect des minorités, et des méthodes de non-violence ; diffusion de manuels pédagogiques, tenue de séminaires et d'ateliers de formation à l'échelle locale, nationale, régionale, et internationale (avec un objectif de 100 responsables de groupe Emmaüs sensibilisés d'ici la prochaine assemblée mondiale), travail en réseau avec d'autres organisations. »* Souhaitons qu'Emmaüs aille au bout de son idée

© Éditions d'Organisation

---

1.   Source Bilan Économique et Social, 2002.

et que celle-ci fasse tache d'huile. Comme pour toute organisation, rien n'est garanti à l'avance.

À propos des outils de management

L'offre d'approches, de modèles, de méthodes, d'outils pour améliorer le fonctionnement des entreprises et du management ne cesse de croître. Elle est véhiculée par les écoles de commerce et les universités par les enseignants, elle est proposée par de nombreux cabinets conseils petits ou grands (les enseignants étant souvent consultants). Elle nourrit une abondante littérature managériale dont les auteurs sont souvent ces mêmes enseignants et consultants.

Si le marché est si florissant, c'est qu'il y a une demande forte, formulée ou latente, des entreprises contraintes au changement permanent et à la pression du quotidien. Parler d'effet de mode ne nous paraît pas traduire la réalité (peut-être parce que certains d'entre nous sont consultants ?). L'anxiété des entreprises est réelle. Certes elles peuvent être tentées de choisir le remède qui a fait ses preuves chez un concurrent, comme on achète le costume qui sied au voisin ; mais si les méthodes évoluent c'est que tout change tout le temps. Et l'utilisation de nouvelles approches est une occasion de se redécouvrir et de se réinventer. Il faut du reste noter que plus que la méthode, c'est

© Éditions d'Organisation

la terminologie, le *package* marketing qui est modifié et fait « tendance ». Ainsi la décentralisation des décisions a-t-elle été baptisée « *empowerment* », la très bonne performance « excellence », le fait de ne pas réinventer la roue « benchmarking », etc. Les concepts managériaux ont d'ailleurs la peau plus dure qu'on ne le pense. On ne parle plus de flux tendus, mais on les tend toujours. On prononce moins le terme de reenginieering assimilé à licenciements, mais on continue à mettre les processus à plat. La Qualité est moins présente officiellement mais elle est recherchée par tous.

Comment faire son menu dans la grande carte des conseils ? C'est affaire, là encore, d'apprenance et de synergie avec ses collaborateurs et ses consultants, si on décide d'y avoir recours ce qui n'est pas indispensable si on a sur place des gens déjà formés aux méthodes et qui sont pédagogues. Une entreprise, comme un individu, est unique, et les solutions seront « bonnes » si elles sont maîtrisées, comprises dans toutes leurs dimensions, adaptées au terrain et assimilées. L'entreprise doit se connaître (c'est un premier travail), identifier ses vulnérabilités et ses atouts, et dessiner ensuite les voies sur lesquelles elle souhaite s'engager. Inutile de préciser que les dirigeants doivent s'impliquer.

© Éditions d'Organisation

À propos des conditions du bon usage des principales approches et outils susceptibles de favoriser le développement de l'apprentissage et du jeu collectifs[1]

L'éthique professionnelle

Elle se prouve par les comportements, les progrès constants, la cohérence entre les discours et les pratiques des dirigeants. Pas au moyen d'une belle charte ou d'un code (Enron avait une charte éthique de quarante-huit pages). Même si un document officiel peut être utile, au-delà de la réglementation et des codes professionnels de déontologie car il permet un affichage qui devrait interdire certains comportements ou alors faire prendre des risques[2].

La vision

Elle ne s'improvise pas, elle ne s'achète pas sur catalogue, elle peut se définir ou se redéfinir dans le débat, au sein de l'entreprise sous l'impulsion des dirigeants, et en cohérence avec l'histoire, les métiers, l'ambition de l'entreprise. Elle est portée par les dirigeants, elle donne le sens. Elle a du sens parce qu'elle se partage et qu'elle est opérationnelle, réalisable, constructible.

---

1. Ceux qui sont évoqués ici ont été déboutés lors des réunions du groupe entreprise TP/TS.
2. *Prévenir les risques éthiques de votre entreprise*, Henri-Benoît Loosdregt, Insep Consulting Editions, 2004 et *La déontologie*, Yves Médina, Éditions d'Organisation, 2003.

© Éditions d'Organisation

Les valeurs

Les valeurs se construisent et se partagent collectivement, elles sont cohérentes avec l'histoire et les projets de l'entreprise et seulement dans ce cas ont un pouvoir d'entraînement interne et externe. Les valeurs artificiellement créées dans le seul but de communiquer « le client d'abord », « le capital humain au centre », « la transparence » sont contre-productives si elles sont contredites au quotidien[1].

La valeur, la création de la valeur

L'approche pour créer de la valeur est forcément différente selon qu'on assimile la valeur au seul profit matériel, ou si on considère globalement que la valeur, comme le rappelle Patrick Viveret, est au sens étymologique *« la valeur de la vie »*, ou que, comme l'énonce Manfred Mack, *« la valeur est ce qui rend le monde meilleur »*. Celui-ci en donne aussi une définition limitée au domaine économique : *« ce qui apporte un effet bénéfique associé à une entreprise économique. »* Cet effet doit être bénéfique à la société et ne peut venir que des personnes, richesse de l'entreprise. Et la valeur devient une expérience au lieu de faire l'objet d'un calcul.

© Éditions d'Organisation

---

1. *Le management par les valeurs*, Jean-François Claude, Éditions Liaisons, 2001 et *Pleine valeur*, Mandfred Mack, *op. cit.*

Le développement durable

S'engager sur une politique de développement durable, prendre en compte les effets à long terme dans toutes ses décisions, être convaincu que l'entreprise « *doit rendre des comptes à la société* »[1] de tous ses actes, est lourd de conséquences et implique une réorientation de la stratégie, un travail en profondeur de tous les acteurs qui n'a rien à voir avec le fait de faire un rapport annuel (interchangeable d'une firme à l'autre) conformément à la NRE. L'entreprise est jugée sur les progrès qu'elle effectue régulièrement par rapport à ses engagements[2].

Le gouvernement d'entreprise ou *corporate governance*

Il tente, après de nombreuses dérives, de reconstruire un capitalisme vertueux, un comportement des administrateurs des sociétés respectueux des marchés financiers. Mais comme le dit Joseph Stiglitz, ancien vice-président du FMI : « *Ce qui est bien pour Wall Street peut être bon ou mauvais pour le reste de la société, et les marchés financiers ont la vue courte.* » S'ils sont garants des intérêts des actionnaires, les administrateurs devraient être également garants des intérêts de l'entreprise qu'ils administrent et de tous ses partenaires. Il faut considérer que le gouvernement d'entreprise a un enjeu sociétal et ne doit pas être

---

1. *Réconcilier l'entreprise et la société*, Didier Livio, Village Mondial, 2002.
2. *L'entreprise verte*, Élisabeth Laville, Village Mondial, 2002.

© Éditions d'Organisation

seulement axé sur le court terme et les marchés financiers comme l'y incline la loi Sarbanes-Oxley[1].

L'université d'entreprise

C'est en principe un lieu privilégié de partage d'informations et de connaissances. Ce peut être aussi une machine à faire passer « la voix de son maître » et à cloner les individus. Ou le moyen de perdre ses bons collaborateurs qui, une fois bien formés et autonomes, peuvent avoir envie « d'aller voir ailleurs » si on ne leur propose pas des missions correspondant à leurs ambitions[2]. Comme le développe Serge Blanchard[3], l'idéal serait de transformer l'entreprise en une formidable université grâce au transfert systématique d'expérience. Chacun étant coaché et coachant à son tour.

La formation

Elle reste un outil indispensable mais attention de ne pas en faire une « déformation », un « gavage ». « Apprendre », ce n'est pas accumuler une fois pour toutes des savoirs rapidement obsolescents mais acquérir, en interaction avec d'autres, des capacités d'apprentissage en double boucle et du discernement. La formation ne peut être qu'interactive

© Éditions d'Organisation

---

1. *La corporate governance au secours des conseils d'administration*, Frédéric Peltier, Dunod, 2004.
2. *L'université d'entreprise*, Hubert Landier, Éditions Liaisons, 2000.
3. *Quand les RH construisent la croissance,* Éditions d'Organisation, 2005.

et viser la proactivité de chacun. Les apprentissages informels se transmettent dans le débat, l'échange, pas dans le silence de la salle de cours. Puisqu'il s'agit désormais de se former tout au long de sa vie, il faut apprendre à chercher des sources d'informations, des contacts utiles pour son travail. Le savoir-être est essentiel et les formations comportementales, la connaissance de soi, le développement personnel ne sont pas des gadgets mais des éléments importants de la performance individuelle et collective[1].

Le coaching

Il est destiné à apprendre sur soi et à se situer par rapport aux autres, à percevoir la différence entre la réalité professionnelle et le réel tel qu'on le perçoit à travers son prisme personnel. Il devrait aider à fonctionner de façon plus à l'aise dans son job. Comme le souligne Gilles Alexandre, chargé de recherche à Entreprise et Personnel : *« Le coaching peut être vu comme le signe de la pertinence de la dynamique Transformation Personnelle-Transformation Collective dans l'entreprise. »* Il peut être aussi instrumentalisé par les dirigeants de l'entreprise (qui sont les payeurs) pour renforcer l'adhésion artificielle des collaborateurs. Il peut également bouleverser les personnes en franchissant les limites de la vie au travail comme le souligne Thierry Chavel[2].

---

1. *Les 7 savoirs nécessaires à l'éducation du futur*, Edgar Morin, Le Seuil, 2000.
2. *Le coaching démystifié*, Thierry Chavel, Demos, 2001 et *Profession coach*, Demos, 2003.

© Éditions d'Organisation

La gestion des compétences

Les compétences se réfèrent toujours à des personnes ; il n'y a pas de compétences sans individus. Pour agir efficacement, une personne devra toujours combiner ses propres ressources (connaissances, savoirs, qualité, culture, expérience) avec celles de son environnement (réseaux professionnels, documentaires, banques de données, manuel de procédures). *« La réponse compétente est une réponse de réseau. »*[1]

Comme le dit André Portnoff[2] : *« L'homme est capital, pas un capital ; au lieu d'adapter la politique de RH à l'organisation et aux équipements technologiques et matériels, il faut concevoir l'organisation du travail comme un ensemble de compétences mises en commun pour produire un service ou une valeur ajoutée (comme dans un projet). L'organisation devient alors ce qui permet de mettre en réseau et en synergie les compétences individuelles. »*

Le knowledge management

Le premier et le plus important moteur de connaissances est le cerveau. Mais tous les dispositifs d'extraction et de stockage des savoirs, des savoir-faire, explicites et implicites liés aux nouvelles technologies sont des ressources majeures dans une économie où information et savoir sont

---

1. *Construire les compétences individuelles et collectives*, Guy le Boterf, Éditions d'Organisation, 2004.
2. *Le pari de l'intelligence*, André-Yves Portnoff, Collection Perspectives, Éditions Futuribles, 2004.

© Éditions d'Organisation

stratégiques. Le knowledge management comprend l'acquisition des informations, leur installation dans des supports protégés et leur transfert au sein des réseaux internes et externes.

Il ne faut pas oublier néanmoins que le knowledge management, si on entend par-là l'utilisation d'outils sophistiqués de capitalisation des connaissances, ne se confond pas avec la gestion des intelligences ; il y contribue mais il n'est utile qu'en fonction de la capacité à partager l'information, interagir, par une culture de l'apprenance. Pour exploiter les connaissances, il faut d'abord que chacun accepte de rendre les siennes explicites, ce qui n'est pas naturel. On passe souvent à côté de ce qu'Hubert Landier a appelé « *le management clandestin* », c'est-à-dire tous les savoirs tacites, informels développés en situation pour pallier les imprévus et les carences des consignes officielles. Bruno Jarrosson[1] rappelle que « *le savoir connu, transmis et enseigné, n'est pas pour autant un savoir mobilisé dans l'action ; savoir une chose et l'utiliser dans l'action n'est pas identique* ».

La gestion de projet

Le projet est par essence un processus apprenant. Les formations en gestion de projet, ainsi que les occasions d'expérimentations se sont multipliées ces dernières

---

1. *Le savoir, le pouvoir, et la formation*, Bruno Jarrosson, Éditions Maxima, 1997.

© Éditions d'Organisation

années. Certaines pratiques sont entrées dans la culture des entreprises. Des limites néanmoins : on constate des niveaux de maturité très différents au sein d'une même entreprise, d'un service ou d'une personne à l'autre. L'obstacle pour une mise en œuvre efficace reste non pas la méthode, mais une prise en compte insuffisante de la dimension humaine et des interactions[1].

La flexibilité

L'entreprise « agile » adapte en temps réel ses stocks, ses points de vente, ses produits, ses services aux exigences de ses clients et aux aléas de la conjoncture. Cette flexibilité s'obtient plus facilement dans les structures en réseaux qui favorisent une circulation rapide des informations, mais elle ne doit pas reposer uniquement sur les hommes : licenciements, horaires, polyvalence ont des limites. L'humain n'est ni une denrée jetable ni inusable[2].

L'animation de réseaux

La complexification des organisations internes des entreprises et la multiplication des relations avec leurs partenaires conduisent à la nécessité pour les entreprises de maîtriser la gestion des réseaux. Celle-ci exige des

© Éditions d'Organisation

---

1. *Manager l'entreprise par projets*, François Jolivet, Éditions EMS, 2003.
2. *Flexibilité et performances : quelles évolutions du travail et de l'emploi ?*, Sous la direction de Rachel Beaujolin-Bellet, la découverte, 2004.

compétences spécifiques à la fois techniques et humaines. La gestion d'un réseau s'inscrit dans la durée. S'il n'est pas animé en permanence, il dépérit et disparaît.

Les séminaires de direction

Les séminaires de dirigeants sont de plus en plus fréquents. Pour qu'ils soient des leviers pertinents de l'apprenance, les directeurs doivent apprendre à jouer collectif : droit à la parole, mise en évidence des désaccords pour les rendre féconds, interactivité… On constate que les comités de direction ont rarement un fonctionnement apprenant alors que ce pourraient être des lieux privilégiés et exemplaires de production d'intelligence collective[1].

Utiliser avec discernement ces leviers, méthodes et approches au service de l'apprenance signifie notamment que :

- il faut passer au filtre de l'examen critique les concepts dominants. Ce qu'ont fait avec rigueur et pertinence Anis Bouayad et Yan de Kerorguen[2] ;

- il ne faut pas croire qu'il sera possible grâce à eux d'aller plus loin que là où l'on est prêt à réellement aller. L'efficacité d'un outil reste conditionnée par l'engagement et l'investissement de ceux qui décident de s'en servir ;

---

1. *Travailler en réseaux*, Guy Le Boterf, Éditions d'Organisation, 2004.
2. Anis Bouayad, Yan de Kerorguen, *La face cachée du management,* Dunod, 2004.

© Éditions d'Organisation

— il ne faut pas multiplier les outils. Parfois un seul d'entre eux, utilisé au maximum de ses potentialités et généralisé à l'ensemble de l'entreprise, aura plus d'impact qu'une combinaison complexe et mal maîtrisée de ces mêmes outils.

Conclusion

Au sens anglo-saxon, « *organisational learning* » désigne toute forme d'organisation, famille, équipe, école, entreprise essayant d'apprendre ensemble. L'entreprise, qui est aujourd'hui la principale source de création de valeur et d'emplois, est concernée en priorité. Cependant de nombreuses autres formes d'organisation peuvent abriter des dynamiques d'apprentissage et de changement interne et s'inspirer des efforts de l'entreprise ou l'inspirer. Par la place sociale qu'elle occupe, l'entreprise peut être vue, et malgré les critiques dont elle fait l'objet, comme un « microcosme » pour la société. Si au sein même de leur entreprise, les personnes se transforment pour faire progresser l'entreprise, elles pourront reproduire cette transformation individuelle et collective dans d'autres formes d'organisation (associations, etc.).

L'entreprise apprenante est au cœur d'un nouveau « contrat social » qui doit permettre un apprentissage permanent et mutuel. Mettre en place une organisation apprenante

© Éditions d'Organisation

correspond à une révolution des esprits et des valeurs qui rend l'aventure redoutable pour les esprits conservateurs et redoutée par de nombreux dirigeants qui ne savent pas où ils vont mettre les pieds : gérer le désordre, gérer le chaos, gérer des humains comme la richesse principale et la faire fructifier, au lieu de gérer des structures, des « hommes objets », des marchandises et des capitaux ne s'apprend pas à l'école (en tout cas pas encore) et encore moins dans les grandes écoles. Se transformer bouleverse plus que coller des rustines. A-t-on le choix ? Non. Andersen par exemple s'est condamné à mort par arrogance et pour n'avoir pas appris de ses erreurs. Pourquoi ne pas se mobiliser pour apprendre à vivre en essayant d'apprendre ensemble à apprendre ?

Pas de recettes, de modèle donc pour rendre son entreprise apprenante mais un état d'esprit, une volonté, de l'enthousiasme. Il est tout à fait frappant chez les adeptes. Il faut trouver le chemin en marchant, écoutant, partageant, regardant, inventant. Une certitude dans ce monde si incertain : pour durer l'entreprise doit gérer le changement permanent et pour changer dans une société de l'intelligence et du savoir, elle doit allumer et nourrir le feu des intelligences qui la nourrissent à leur tour.

© Éditions d'Organisation

Quel leadership et quel management pour que l'entreprise joue collectif ?

« L'apprenance apparaît comme le fil rouge d'une nouvelle philosophie managériale au service du développement global de l'organisation et de ses membres, et elle implique un métier de manager leader très différent du classique manager gestionnaire. » [1]

Gérer la diversité, animer les autonomies est moins simple que commander et diriger par décret. Le rôle du leader de l'organisation dans son ensemble, s'il a évolué, reste prépondérant. Il donne direction, sens et exemple. Il va au charbon quand il le faut. Il arbitre. Car le consensus n'est pas la règle de base dans l'entreprise. La cohérence entre ce qu'il dit et ce qu'il fait est fondamentale pour sa crédibilité et sa légitimité. Il délègue mais on « sent » sa présence, son autorité qui « tire » vers le haut. Le manager d'équipe obtient le meilleur de ses collaborateurs. Il explique, il écoute, il discute, il colmate, il ajuste, gardant l'œil sur les objectifs. Son rôle est déterminant pour que ses équipes apprennent à vivre ensemble. Fini celui qui « encadrait » un personnel indifférencié. Le manager est un coach qui allume les intelligences et réveille les énergies résilientes de ceux qui se sentent exclus de la dynamique créative de l'entreprise. Dans une économie où près de 80 % de la valeur ajoutée est réalisée par des activités de service, il n'y a plus de place pour le gaspillage humain de l'ère industrielle.

---

1. *Devenir une vraie entreprise apprenante,* Daniel Belet, Éditions d'Organisation, 2003.

© Éditions d'Organisation

Une recette d'apprenance : être et rester apprenant

Inspiré par la stratégie du boulanger, Rémy Lesaunier, dirigeant de la PME **ImpliQ**, société de conseil en informatique, nous propose son expérience d'apprenance sous la forme d'une recette. Elle est indicative et doit être personnalisée, tels des petits pains à imaginer… Certains dirigeants de PME, responsables de centres de profits, managers chargés de lancer une nouvelle activité, ou managers d'équipes contraintes à la rentabilité s'y reconnaîtront certainement. *« Ingrédients nécessaires (pour quinze personnes) : 30 g d'envie, 50 g de dialogue, une cuillère à soupe de lisibilité, une bonne dose d'ouverture, un morceau de permanence, deux trois pincées d'adaptation, du sirop d'émotion, 150 g de savoir-faire, de la chapelure d'aimer « être ensemble ». Le stress et la bonne humeur sont incontournables, à doser prudemment. Temps de préparation : une partie de vie, temps de cuisson : une autre partie. Durée de conservation : selon votre inspiration, minimum six ans. La création d'une entreprise naît d'un certain nombre de motivations possibles : l'indépendance, l'enrichissement, le pouvoir, l'innovation, « l'hérédité », le chômage, etc. Pour notre recette, prenons donc celle d'une volonté de sortir de la logique de la course à l'échalote (profit, pouvoir, jugement, positionnement) au bénéfice d'une logique d'autonomie (responsabilité, contribution-redistribution). Petit avertissement : ne tenons pas compte des « je n'y crois pas », « ça ne marchera pas » que nous ne manquerons pas d'entendre durant cette expérience et poursuivons… »* La fabrication de ce petit pain s'inspire en fait de la recette classique du quatre-quarts.

© Éditions d'Organisation

Premier quart : la fondation. 1998, le moment est propice pour entreprendre. L'entrepreneur l'a décidé : cette fois ne pas se sentir poussé par la course obligée du pouvoir ou la nécessité de prouver ses capacités, non simplement créer une activité qui ne soit pas chronophage (pense-t-il !). Et surtout ne pas faire seul… Recherche de partenaires, amis… Le projet se précise… Motivations : responsabilité et autonomie, sérieux et répartition. Mais aussi considérer que chacun dans l'entreprise peut revendiquer ces mots. À l'horizon : un effectif de 50-60 collaborateurs. Pas une start-up donc, plutôt un artisan (boulanger ?), ouvert aux intelligences nouvelles et aux ambitions créatrices de ses membres.

Deuxième quart : les actions. Avec la complicité d'un communicant, des brainstormings sont organisés sur le nom et logo de l'entreprise : quelques belles empoignades… Les contrats se signent, le recrutement s'opère pour parvenir à quatorze personnes. Certains sont associés au capital, il s'agit des anciens collaborateurs ou collègues qui font le pas (en fait l'un d'eux dira : « *C'est comme en saut à l'élastique ; t'as pas de risque mais tu trembles.* »). D'autres plus jeunes rejoignent l'équipe… Des formations suivies sont au rendez-vous. L'information aussi : un expert-comptable vient présenter les notions d'indicateurs aux associés plus avertis en informatique qu'en gestion de PME. Un accord d'intéressement est très vite passé, un accord de réduction du temps de travail est négocié dans l'écoute réciproque…

© Éditions d'Organisation

L'accent est mis sur le dialogue, la lisibilité, la reconnaissance, le respect. Des rencontres conviviales sont régulièrement organisées y compris dans de très grands restaurants (l'inspecteur du travail qui passe rendre visite à l'improviste s'en étonne : « *Vous allez les habituer !* »). Chaque année en juillet : mise au vert !... Des réflexions sur le métier de conseil en informatique, et plus surprenant : un café philo avec un philosophe sur le thème « vie personnelle / vie professionnelle ». Surprenant, voire déroutant pour certains... Tout va bien ? Passons au troisième quart...

Troisième quart : les crises. La volonté initiale des trois fondateurs est de constituer une société, ou un ensemble de sociétés (pour permettre l'accès au capital de façon plus large tout en conservant à eux trois 51 %, donc la direction) et de se développer sans recherche effrénée de croissance. Bien ! Mais comme pour les autres, l'économique commande et 2002 est déjà pour l'informatique une année de crise. En fait cette crise débute vers le début de l'été 2001. Elle va durer jusqu'en... quasi-mystère (elle dure encore). Plus importante que la précédente (1991-1995). Brrrr. ImpliQ, qui n'est pas une société innovante au plan du métier – elle possède juste de bons professionnels, de bons artisans – a rencontré et rencontre le mauvais temps. Autant de crises, autant d'occasions de mise à l'épreuve. *Crise personnelle* : finalement l'un des fondateurs ne rentrera pas dans la société préférant rester dans sa fonction de l'époque avec un projet plus personnel en tête. Les autres le

© Éditions d'Organisation

60

presseront de se déterminer. Séparation en « gentlemen ». Le « partant » est toujours « ami » et est devenu client ! La gérance devait être tournante, ceci n'est toujours pas réalisé, pour des raisons de compétence, de temps, d'envie ou… mais une collégialité certaine existe sans que l'on puisse ignorer l'existence de trois cercles : le premier les initiateurs, le deuxième les associés, le troisième les collaborateurs. *Crise de confiance* : l'homme du commercial, à savoir le fondateur et directeur, n'est plus aussi motivé et performant que par le passé. C'est pourtant le seul à connaître cette fonction. Les autres associés sont des ingénieurs plus portés sur la technique ou l'organisation même s'ils ont le sens du client. Lors de la réunion mensuelle, il provoque une discussion sur ce thème, franche et tendue ; chacun s'exprime. Les choses sont dites. Demeure un point faible : acquérir de nouveaux clients (banal, non ?). *Crise d'imagination* : chaque début d'année, de nouveaux objectifs pour l'entreprise. Un de ceux qui ne sont pas encore réalisés : construire une offre nouvelle. Difficulté à sortir du quotidien, imagination défaillante, volonté amoindrie, manque de moyens ? *Crise de croissance* : qui n'avance pas recule. Au-delà de la formule, la survie et l'intérêt de notre métier exigent une diversité de pratique que seul l'accroissement de notre base installée de clients, de projets et de collaborateurs peut pérenniser. Risque d'étiolement. Tentative de fusion avec une autre société… Mais rien ne s'est encore fait. Pour différentes raisons, dont sans doute une difficulté à lâcher prise, à modifier les fondamentaux. Tant

© Éditions d'Organisation

qu'on n'est pas obligé ! Obligé ? Situation économique délicate sur ce secteur (au moins) de l'informatique, les indicateurs sont quasiment tous à la baisse, les plans ou les mini-plans de restructurations s'opèrent à partir de 2002, pas toujours dans les règles de l'art, comme souvent. *Crise économique* : pour la société aussi qui achève un cinquième exercice bénéficiaire plutôt difficilement. 2004 est qualifié en interne de passage du cap Horn. Prise de légères mesures d'économie de fonctionnement (locaux, frais de représentation). En ce début 2004, deux contrats lâchent ; la visibilité est alarmante, le chiffre d'affaires en baisse. Une note d'alerte est produite à tous en octobre, la décision de procéder à deux licenciements économiques est prise en mars, devenue nécessaire à ce moment pour la survie de l'ensemble. En gestion pure, cette mesure aurait pu (dû ?) être prise en milieu 2003. Mais si peu conforme à l'ambition initiale ! Mauvaises conditions au cap Horn. On va le passer. Les associés adoptent les mesures. Rencontre avec les collaborateurs concernés, qui saisissent bien la situation. Il n'y a aucune surprise, les informations internes antérieures et la compréhension du marché ont permis des échanges sincères et chargés d'émotions diverses. Lors d'un entretien, l'un des collaborateurs exprime une opinion qui interpelle. Cette idée, il l'avait déjà énoncée aux associés : à son avis, il manque une étape à cette décision de licenciement ; demander à chacun de baisser son salaire pour ne pas licencier, lui l'aurait fait (15 %). Puis une réunion avec tout le monde ré-exposant la situation un mercredi soir de mars. Le

© Éditions d'Organisation

lundi suivant, chacun doit remettre une enveloppe anonyme avec la somme qu'il peut abandonner, objectif 12,5 % de la masse salariale, si le résultat est inférieur on ne fait rien. C'est la règle établie avec les représentants du personnel. Un message est répété : il n'y a pas d'obligation, pas de pression, même si intimement pour chacun la décision comporte un dilemme fort. Le dépouillement donne 8,5 % ; objectif perdu. Ce qui n'est pas perdu, c'est l'intense soirée du mercredi ou se sont mêlées de façon très perceptible, et pour certains exprimées, fierté et angoisse. Fierté d'aller jusqu'au bout d'un certain chemin, angoisse d'une situation difficile. Quelque chose du domaine « tout a été fait » pour les premiers concernés. Tout de même on préférerait être dans le meilleur des mondes, c'est pas encore ça. Les procédures sont entamées avec un certain délai, des affaires sont en cours qui courent… comme depuis trop longtemps. En fait à ce jour l'un des collaborateurs licencié a trouvé un poste intéressant avant son préavis (trop tôt pour le réintégrer, c'est la vie comme il dit), le second voit sa procédure annulée, se voit réintégré, Horn est passé. Pour l'instant. À viser : le cap de Bonne-Espérance ! Cette période a marqué chacun, le collaborateur partant s'est plus ouvert, lui si réticent au café philo ; nos contacts sont devenus plus riches. Paradoxal ?

Dernier quart : les incertitudes. Elles portent notamment sur la survie, la durabilité d'une telle pratique : qui vivra verra ! Mais aussi sur la capacité d'un tel groupe à

© Éditions d'Organisation

rester ouvert, éveillé, devenir innovant, coopératif ; beaucoup d'écueils possibles, autant de challenges ! Bien que chacun n'ait naturellement pas le même apport, il faut conserver la cohésion, les liens, le sens de cette entreprise. Car si pour cette recette modeste on ne peut nier la question de la conservation, il y a sans doute matière à amélioration, ce qui somme toute est une vision positive. Mais rien ne serait intéressant sans les saveurs que l'on n'y trouve ou que l'on a trouvées. À quoi bon faire un petit pain qui dure si personne ne l'apprécie, ne le goûte, n'a de plaisir ? Rien n'est toujours très agréable, le travail est parfois peu motivant, stressant, angoissant, banal, mais le sentiment est précieux de vivre en co-acteur une période professionnelle originale avec d'autres et toujours avec respect. Respect de soi, aussi. Transformation Personnelle-Transformation Professionnelle.

© Éditions d'Organisation

Jeu-test :
Appréciez vos connaissances *(Humour !)*

Le jeu collectif. L'entreprise apprenante. Vous connaissez maintenant. Mais vos amis, voisins, collègues, votre famille, où en sont-ils ? Ce petit test[1] qui ne prend que cinq minutes aidera chacun à se positionner.

Avertissements

1. Ce test n'a qu'une valeur relative et ne permet pas de porter de jugement définitif. Il faut donc le considérer comme une photographie à un moment donné.
2. Pour des meilleurs résultats, la personne doit être détendue, dans un endroit si possible calme.
3. Choisissez la réponse qui se rapproche le plus de votre pensée.
4. Certaines questions vous paraîtront plus délicates. Ne soyez pas surpris, elles seront traitées par la suite. Une occasion d'anticiper.

Question n° 1. Pour vous, **la gouvernance d'entreprise**, c'est :
a) Une femme en charge des questions logistiques.
b) La succession de droit divin.
c) Un concept qui vient des États-Unis.
d) Une série télé de science-fiction.

---

1. Proposé par Rémy Lesaunier.

© Éditions d'Organisation

Question n° 2. Pour vous, **le développement durable**, c'est :
a) Le négatif d'une photo peut servir plusieurs fois.
b) L'harmonie.
c) Une séance d'abdominaux par semaine.
d) Qui vivra verra.

Question n° 3. La mondialisation, c'est :
a) Un concours de chant qui réunit tous les pays du monde.
b) Au-delà des états.
c) Un livre de Hervé Sérieyx.
d) Les États unis des États-Unis.

Question n° 4. La loi *Sarbanes Oxley Act*, c'est :
a) Le premier mariage gay, en Afrique australe.
b) L'acte de naissance de l'auteur du *meilleur des mondes*.
c) Une loi américaine visant à protéger les investisseurs des entreprises cotées en Bourse.
d) Une vodka polonaise cuvée spéciale an 2000.

Question n° 5. L'entreprise étendue, c'est :
a) Un dépôt de bilan.
b) Une entreprise de plain-pied.
c) Une sacrée aventure !
d) Une chaîne d'acteurs économiques.

Question n° 6. L'organisation apprenante, c'est :
a) Un dur mouvement clandestin en Bretagne.
b) L'espionnage industriel.
c) Ouverture, remise en question, enrichissement.
d) Des cours interactifs sur internet.

© Éditions d'Organisation

Question n° 7. Le jeu collectif, c'est :

a) La loterie nationale.

b) Le surnom de l'Équipe de foot de Cuba.

c) Une notion avancée par S. Freud regroupant le ça, le moi, et le surmoi.

d) Le jeu infini auquel nous convie l'organisation apprenante.

Question n° 8. Le débat, c'est :

a) C'est la question, faut-il le pratiquer ? Ça se discute.

b) Accepter et dépasser les logiques contradictoires.

c) On en reparlera !

d) Les désaccords peuvent être féconds.

Question n° 9. La charte déontologique, c'est :

a) Un ordre de religieuses.

b) Une légende.

c) Un règlement intérieur.

d) Un référentiel de valeurs et de comportements.

e) L'avant-dernier film de John Ford.

Question n° 10. Interactions TP-TS, c'est :

a) Une question saugrenue car : ni l'un, ni l'autre.

b) Moi, je vois pas pourquoi je changerais. La société doit changer.

c) Un super site internet, www.interactions-tpts.net

d) On ne peut modifier ses rapports sociaux sans changer soi-même. Et réciproquement.

© Éditions d'Organisation

Question n° 11. L'utilité d'une charte, c'est :

a) Qu'elle *« permet l'auto-régénération du mouvement par lui-même »* nous dit Edgar Morin.

b) Qu'elle peut être le garant du jeu collectif mais aussi un outil de manipulation si elle est mal utilisée.

c) Qu'elle soit écrite une bonne fois pour toutes et qu'on n'en parle plus.

d) D'être « à la crème » pour s'accommoder avec tout.

Question n° 12. Le rapport gagnant / gagnant, c'est :

a) Une jolie chanson de Renaud.

b) Un tiercé truqué.

c) Un échange équilibré, pour peu qu'il respecte les différences.

d) C'est trop intime.

Question n° 13. L'entreprise et vous, c'est :

a) Pour la vie, c'est sûr.

b) Un passage obligé mais pas garanti.

c) Des fois « oui », des fois « non ».

d) Un de mes lieux de vie.

Question n° 14. Envisagez-vous de participer à une entreprise apprenante ?

a) Non, jamais.

b) Oui, dans l'année.

c) Oui, dès que j'en trouve une.

d) Qu'est-ce que c'est ?

© Éditions d'Organisation

Deuxième partie

Devenir un groupe apprenant

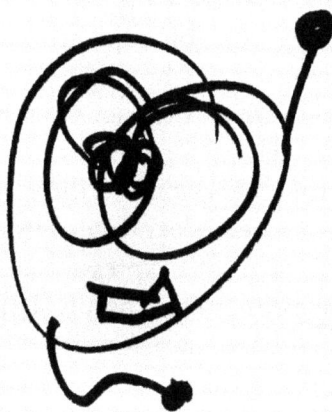

Des apports singuliers :
le casting du groupe entreprise TP-TS

Si le processus interne de l'organisation apprenante s'éloigne de l'addition pour se rapprocher de celui de la multiplication, comme nous l'avons exprimé au début de cet ouvrage, il n'en demeure pas moins vrai qu'au commencement, dans l'addition comme la démultiplication, sont… **les personnes**. Avec leurs spécificités, expériences, styles, besoins, motivations… La liste pourrait être très longue. Et la diversité est immense. Aucune personne ne ressemble à une autre et bien que nos réactions (notamment face au changement, à la nouveauté…) soient étonnamment similaires, chacun de nous est unique, dans ses acquis tout comme dans son potentiel. C'est par la libération de ce potentiel (d'actions, d'idées, de réalisations, d'émotions aussi) que peut s'exprimer l'intelligence collective qui, à son tour, favorise l'expression des talents individuels non encore exprimés et reconnus. Une évidence pour celles et ceux qui prônent la nécessité de la construction d'une mondialité respectueuse et se nourrissant des différences, et non d'une mondialisation « englobante » et « clonante », à grand renfort de marketing stéréotypant.

C'est pourquoi nous vous proposons à présent de rencontrer les acteurs et contributeurs du groupe Entreprise TP-TS. Le « casting » qui suit est illustré pour chacun d'un apport à la réflexion commune se présentant comme

© Éditions d'Organisation

un éclairage particulier, une couleur, une tonalité. L'ensemble de ces éclairages, mis bout à bout, ressemble aux pièces d'un puzzle que nous avons eu pour mission de reconstituer. Le lecteur pourra apprécier la diversité de profils des personnes qui ont contribué, plus ou moins directement, à l'émergence de ce livre.

La présentation est organisée par ordre alphabétique et « catégories » : le « noyau dur » composé des fidèles contre vents et marées, celles et ceux qui aimeraient bien participer plus souvent mais que nous n'avons croisés qu'épisodiquement, les derniers arrivés, ainsi que, bien sûr, les invités. En présentant ce casting, nous ne sommes pas là en train de nous admirer dans le miroir de nos idées de toute manière inachevées, forcément limitées à qui nous sommes, à notre histoire et à notre cadre de références. **C'est de la relativité et de la diversité des points de vue que nous souhaitons témoigner. Et de leur richesse aussi. Celle du lecteur y a totalement sa place. Mieux, l'intelligence collective a besoin que chacun prenne sa place dans le jeu et le débat pour enrichir de sa touche spécifique et singulière le résultat collectif.**

© Éditions d'Organisation

Le noyau dur

Gilles Alexandre est directeur d'études chez *Entreprise et Personnel*. Sa fidélité, qui le conduit de Lyon à Paris pour participer à nos réunions, nous a permis de profiter de ses éclairages, tout particulièrement sur la notion de compétences... ainsi que de son humour et de son éloquence sereine. Son sujet de prédilection, en tout cas celui mis en avant lors de nos échanges : les compétences et comportements dans l'entreprise et le risque de leur instrumentalisation. Ci-après, un éclairage portant sur les chartes des valeurs.

« **Dans cette grande entreprise d'équipements et de services, la charte des valeurs** se présente de la façon suivante : *"Nos valeurs sont des règles de conduite qui fondent et légitiment notre existence, notre organisation et notre action. Les valeurs que nous nous reconnaissons doivent se traduire concrètement, au quotidien, dans nos actes et nos attitudes. (...). Nos cinq valeurs :*

- **combativité et courage** : *se fixer des objectifs ambitieux et les atteindre malgré les obstacles. Savoir affirmer et défendre ses positions avec honnêteté et fermeté.*

- **esprit d'équipe et valorisation des hommes :** *la solidarité, l'entraide et le dialogue forment notre esprit d'équipe. Nous reconnaissons et encourageons la compétence, l'initiative et la performance. La délégation est la base de notre organisation.*

- **respect des engagements et de la parole donnée :** *avec tous nos partenaires, clients, prescripteurs, fournisseurs, confrères, et avec tous les collaborateurs du groupes. Nous entretenons des relations durables, basées sur la confiance et la loyauté. Tout manquement risque de remettre en cause notre acquis et notre réputation".*

- **faire bien et en être fier :** *nos compétences professionnelles, mobilisées dans la recherche permanente de la qualité, nous*

© Éditions d'Organisation

donnent le sentiment de fierté du travail bien fait. Elles renforcent notre réputation.

— **profit :** *nous devons gagner de l'argent. Grâce à nos résultats, nous renforcerons la confiance de nos actionnaires, clients et partenaires en France et à l'étranger. Le profit permet de mesurer la performance de chaque équipe : chantier, direction régionale, filiale. Il assure la pérennité et le développement de notre entreprise".*

Cet exemple montre bien les différents registres exprimés par les chartes des valeurs et leur souci d'influer sur le comportement des acteurs. L'efficacité de ce type de démarche se mesure essentiellement à l'aune de sa crédibilité.

Ses défenseurs revendiquent le panache d'une forme d'engagement qui mobilise chacun des responsables, à commencer par les dirigeants dans leur capacité à donner un sens à leur action. Ils invoquent également la nécessité d'imprimer une conception unitaire en réponse à un monde complexe traversé de multiples logiques parfois contradictoires.

Ses détracteurs dénoncent l'incapacité des entreprises prônant ce type d'outil à s'assurer au quotidien de la cohérence entre les paroles et les actes. À leurs yeux, au premier écart, ces chartes se trouvent réduites à n'être qu'un « beau discours », qu'une luxueuse expression d'une « langue de bois » destinée à embellir une action résolument tournée vers le seul résultat. Mais en dépit de leur volonté de donner du sens à l'action ou de pacifier un monde qui vit âprement la compétition économique, elles apparaissent d'abord comme un outil de direction.

On notera que ces chartes de valeurs sont rarement revendiquées par le personnel lui-même. Le phénomène mérite d'être souligné ; tout se passe comme si elles n'étaient que des attributs du pouvoir et que l'appropriation d'un tel document était synonyme d'allégeance ou qu'il se trouvait simplement jugé « trop beau pour être vrai ». »

© Éditions d'Organisation

Laurence Baranski. Conseil auprès des entreprises sur des activités de conduite du changement, management, gestion de projet dans le cadre de sa propre structure *SLB Conseil*. Auteur de l'ouvrage *Le manager éclairé, piloter le changement*, aux Éditions d'Organisation, 2000. Laurence co-anime le projet Interactions : Transformation Personnelle-Transformation Sociale qu'elle a initié au sein du réseau *Transversales Science Culture* en 2001. En guise d'éclairage, la quatrième de couverture d'un manuscrit (non édité) *Comme une envie d'autre chose... ;* quatrième de couverture qui pourrait après tout aussi bien s'intégrer à ce présent livre.

« *Oui, peut-être. Mais avec le pessimisme, je ne sais pas quoi faire.* Voilà ce que je répondrai à celles et ceux qui me diront que tout ce qui est écrit dans ce livre n'est qu'un ramassis d'idéalisme puéril, un délire fantasmagorique, une utopie infantile, le tout porté par un optimisme naïf, irresponsable, et dangereux. Peut-être est-ce tout cela. Peut-être la guerre des églises et des pouvoirs l'emportera-t-elle sur la sagesse. Peut-être la violence et la haine finiront-elles par faire de nous, et de ce monde, des pierres inertes, froides et stériles. Peut-être enfermerons-nous définitivement l'amour, oubliant que nous avions un cœur. Peut-être assassinerons-nous nos rêves. Peut-être brûlerons-nous notre dernier espoir.

Mais peut-être aussi est-ce tout simplement le reflet d'une envie... Une envie de quelque chose... comme une envie d'autre chose... Autre chose qui nous conduira à faire autrement, à vivre autrement, à penser et à agir autrement, à aimer, à danser et à rire autrement, à cœur ouvert, en toute liberté, responsabilité et autonomie. Oui, c'est bien vrai, avec le pessimisme, je ne sais pas quoi faire. Alors voilà ce que je répondrai. Et au premier "Oui, mais..." qui me sera objecté, j'ajouterai, sans passion et peut-être même sans émotion, mais avec la même foi profonde et raisonnée en la vie, et en notre capacité d'êtres humains à

© Éditions d'Organisation

retrouver la maîtrise de notre destin : *"Le possible se situe juste un peu après l'impossible."* Et si un silence s'installe, un de ces silences profonds qui cherchent le chemin de la juste vibration intérieure, … Oui, si ce silence s'installe j'oserai, … humblement, parce que moi-même à la recherche de la mienne, … et doucement, pour ne pas interférer dans cette quête d'harmonie, … j'oserai une dernière question : "Que veux-tu faire de ta vie ?" »

Annie Batlle se promène dans l'univers des chercheurs et acteurs de la pensée complexe depuis des années. Après des responsabilités de direction en entreprise notamment à France Télécom, elle se consacre à présent à son activité de journaliste en management. Elle est en charge de la rubrique Livres en management du supplément Management et les Échos. Dévoreuse de livres et lectrice attentive et rigoureuse. Elle a créé le groupe Entreprise TP-TS avec Laurence Baranski et coordonne ses réflexions.
Outre tout particulièrement le fait de « tenir la plume » pour la rédaction de la partie I de cet ouvrage dans un souci de coller à la réalité à travers des exemples concrets - elle nous a notamment proposé un texte sur la dynamique TP-TS : **« je » et « nous » dans l'entreprise.**

« **Je et nous dans l'entreprise.** L'individu est singulier. Comme le dit si explicitement Edgar Morin : *"Personne ne peut dire « je » à ma place"*, mais l'individu est inséparable de la société (et de l'espèce) avec laquelle il entretient des rapports antagonistes et complémentaires. Doué d'autonomie, de pulsions égoïstes et altruistes, c'est un être social, né d'une société (un père et une mère) et ne pouvant survivre qu'en société.

Cette tension entre le « je » et le « nous », entre l'intérêt individuel et collectif, le rejet à l'égard des institutions et le désir de protection, constitue une donnée de fond de toutes les organisations humaines

© Éditions d'Organisation

qui la résolvent chacune en fonction de leur histoire, de leur culture et de leur idéologie. Collectivisme à tout prix, individualisme forcené, compromis entre les deux…

La Révolution française a élevé les « citoyens » au rang d'individus, mais la mutation est longue car il ne suffit pas de le décréter après des siècles de règne du primat des catégories collectives gérées par quelques « élus » de dieu ou de naissance (les deux étant liés).

Les générations post-68 tentent de faire exploser les contraintes collectives et glorifient l'épanouissement personnel, le « moi », ses désirs, son plaisir, contre les tabous, le machisme, les institutions. L'individu fait son apparition en économie à la fin des 30 Glorieuses quand les marchés des biens de consommation se saturent et que ceux des services prennent leur essor : client roi, consommateur singulier, une solution sur mesure pour des profils individualisés. Le marketing découvre les niches et le désir personnalisé.

Ces deux courants (culturel, économique) se rejoignent et se renforcent pour arriver à l'hypertrophie actuelle du moi. ''Je veux être moi'' (comme le disent les pensionnaires du Loft), « je veux me faire plaisir » (hypertrophie de la Transformation Personnelle ?). *''Ce qui était vécu dans les marges est devenu une norme''* comme le dit le sociologue Philippe Corcuff.

À l'intérieur, l'entreprise mise aussi sur le culte de l'individu : *''Soyez le meilleur, le plus fort, le plus intelligent, le plus autonome''* et vous serez récompensé, primé, stock-optionné, gardé lorsqu'on licenciera les autres. Tous les systèmes de recrutement, d'évaluation, de rémunération, de récompense s'orientent vers la performance individuelle, l'encouragement à des comportements individualisés, le règne du « tout à l'ego » au détriment de la solidarité, de la coopération pourtant essentielles car seuls remèdes face à la complexité des problèmes. Et cela au prix d'une solitude croissante des salariés, d'un climat de compétition et de stress

© Éditions d'Organisation

peu favorable à l'épanouissement individuel. On oublie progressivement que l'entreprise est une communauté d'hommes et de destins. Alors, pour éviter l'implosion, l'entreprise raccommode, cherche des prothèses, convoque les psys, les coachs pour soigner les âmes et leurs états.

Seule la transformation du rapport entre l'individu et le collectif peut corriger cette tendance. Le collectif-entreprise doit apporter à l'individu un métier où se réaliser, un salaire décent pour vivre, le progrès de son employabilité, la possibilité de jouer un rôle dans son environnement. De son côté, l'individu doit apporter sa contribution au devenir du collectif-entreprise en termes d'intelligence, de savoir-faire, de solidarité. L'intégration de l'individu au collectif facilite la circulation de l'information et la prise de décision cohérente, consolide l'adhésion aux projets. C'est un creuset pour l'autonomie, l'innovation, la motivation.

Restons réalistes : nous n'entrons pas en entreprise pour nourrir notre ego et trouver le bonheur, mais pour gagner notre vie et donc nous y rendre utiles. Mais nous pouvons ne pas y perdre notre vie et l'améliorer au contraire si l'entreprise nous permet de participer à une aventure collective qui nous enrichit en l'enrichissant elle-même. Bref, si elle est une entreprise apprenante.

Étienne Bufquin est consultant à la fois pour Accenture et pour l'Institut Européen Conflits Cultures Coopérations. Il intervient dans la mise en œuvre de projets intégrant stratégie, redéfinition des processus, conduite du changement et systèmes d'information. Après Sciences-Po Paris, un DEA de sociologie politique et deux ans de recherche sur les processus coopératifs, il a développé des formes d'intervention qui visent en priorité à renforcer l'efficacité des processus collectifs de décision, de mobilisation et d'accompagnement des équipes de Direction. En autres

© Éditions d'Organisation

contributions, il est l'auteur des dessins qui agrémentent ce livre.

« Que pèsent formations et discours lénifiant sur le management, le changement, le travail en réseau, l'éthique, la gestion de la performance , le management par délégation, le développement durable ou la motivation ? Qui croit que ces incantations sont crues ? Au-delà, ces discours ne servent-ils pas les décideurs qui y croient le moins ? Mettre en œuvre une organisation apprenante demande moins d'imaginer l'entreprise « idéale » et que d'être capable de penser l'entreprise réelle, avec toutes ses ambivalences, ses non-dits, ses rapports de force, ses décalages entre les discours et la actes. Nous-mêmes et nos entreprises sommes traversés par ces conflits entre la fin et les moyens, entre la nécessité de survie et celle de garder du sens. C'est en se confrontant à ces blocages, en partant de la réali té vécue, des conflits, des dysfonctionnements, de ce qui fâche que l'on peut prendre prise sur la réalité et parvenir à des améliorations tangibles et des changements en profondeur. Apprendre à jouer collectif, ce n'est pas fantasmer sur un jeu fluide, c'est construire collectivement, en situation, des pratiques concrètes pour avancer au-delà de ces contradictions.

« Une démarche TP-TS cohérente consisterait selon moi à s'interroger sur les raisons de notre adhésion à l'idée d'organisation apprenante. Par exemple, le succès d'un concept comme le coaching, quelle que soit sa validité intrinsèque, révèle d'abord un désir d'autant plus fort d'accompagnement que la solitude des dirigeants s'accroît. De la même façon, que révèle notre engagement bénévole dans des travaux sur l'organisation apprenante ? Je me demande s'il ne traduit pas notre désir justement de faire partie de ce type d'organisation, à la façon dont les responsables associatifs peuvent rechercher dans leur engagement des satisfactions qu'ils n'ont pas dans leur

© Éditions d'Organisation

métier. D'une part, cela pourrait nous inviter à la modestie quant à l'exemplarité des organisations de consultants pour ce qui est des organisations apprenantes. D'autre part, je suis convaincu que c'est en travaillant sur nos propres peurs et motivations que nous expérimenterons les leviers qui permettent de promouvoir les organisations apprenantes : c'est parce que j'essaye d'être au clair sur mes craintes, motivations et tentations de transgression que je peux entrer avec d'autres dans une véritable dynamique collective. Du reste, c'est cette forme d'expérimentation dans le réel qui fera la différence entre un « coup de pub » et une dynamique sociale. Le défi actuel des entreprises qui se voudraient apprenantes est de réinventer un langage et des pratiques congruentes. Cela suppose un travail réflexif pour quitter à la fois les incantations moralisantes et le silence pudique sur les ressorts réels de l'action. Il nous reste beaucoup à apprendre. »

Rémy Lesaunier. Directeur de la société de conseil en informatique ImpliQ, acteur « impliqué » au sein du mouvement Emmaüs, du collectif *Reconsidérer la richesse*... et du projet Interactions TP-TS. Certaines des contributions écrites par Rémy, mêlant humour et questionnement de fond, particulièrement sensibles à la dimension TP, ont été intégrées dans les pages précédentes.
Un dernier éclairage : **une histoire de piano vert**...

« **Le piano vert.** Un samedi de juillet 2001, l'après-midi, le temps est conforme aux prévisions, chaud. Un moment de désaccord (fécond finalement !) dans mon couple et je sors de la maison faire un tour de moto. Petite balade décontractante qui me conduit sur l'Île de la loge, Port Marly. Curieux, voilà dix ans que j'habite Rueil, pas loin donc, et je n'ignore pas l'existence de cette communauté Emmaüs, et le pourquoi d'une telle communauté.

© Éditions d'Organisation

Je rentre en salle des ventes, erre et repère un piano « style » Lucky Luke et vert pomme ! Je décide de l'acheter, sans illusion sur l'accueil varié qui se manifestera à la maison… et j'interroge : *"Prenez-vous des bénévoles ?"* Surpris, le responsable me regarde plus attentivement et me répond : *"Oui ce sont les 'amis'."* Rendez-vous est pris pour septembre, faire connaissance.

Ma question soudaine est la résultante d'une conjugaison de réflexions, expériences, décisions et émotions ; le déclencheur, c'est le bien-être ressenti dans cette ambiance, le lieu et l'humain : je l'ai reconnue, c'est une partie de moi, ancienne et structurelle.

Deux ans plus tard, juillet 2003, de poste en poste, de trieur de vêtements, de faiseur de balles pour l'Amérique latine, de chargeur de containers, de chauffeur de camions, de vendeur de bijoux, de tenue de caisse, de comptable, de rencontres organisées, imprévues, de repas partagés, de regards, de mots, de paroles et de silences, de poignées de mains, de mois en mois je suis devenu cette partie de moi, ancienne et structurante. Transformation personnelle ?

Parallèlement, l'autre, les autres m'ont accepté, identifié et ont permis / sollicité mes compétences sur des domaines de gestions et de réflexion : administrateur, trésorier, vice-président, etc.

Ces endroits physiques et mentaux où je me suis trouvé, ces valeurs m'ont poussé à la sincérité. Si je ressens le besoin de m'écouter, j'ai le devoir de le communiquer pour améliorer, compléter, contribuer à ma mesure à enrichir l'ensemble dont je fais partie, y compris pour recevoir la contradiction et l'accepter ; l'enjeu n'est que la sincérité… libre parole.

J'ai ainsi contribué à la tenue d'un café philo avec des compagnons, amis et responsables, à re-préciser l'économie solidaire, à reconsidérer la richesse avec Patrick Viveret. Transformation sociale ?

© Éditions d'Organisation

Je rencontre bien entendu de temps en temps la lutte des *ego*, voire politique dont l'importance est toutefois amoindrie par la raison de nos participations : *aider à aider le plus souffrant*. Et moi-même je n'y échappe pas tout à fait, réflexe paranoïaque, l'humain vous dis-je. Et puis l'envie de « bien faire » n'est pas la garantie de « faire bien ». J'ai le sentiment d'être dans un mouvement durable (hélas, l'injustice n'a pas d'âge) et je ne le suis pas (durable)… ou bien encore la goutte d'eau d'un océan, mêmes composés chimiques. Partie d'un tout, ensemble de parties. Gouvernance gouvernée (Ah, démocratie !) rendue possible par un objectif si clairement lointain et une action si souvent sombrement, quotidienne !

Ce qui me paraît important de remarquer, c'est que cette expérience en cours m'ouvre plus largement à la rencontre des autres, plus nombreux, tandis que j'espère apporter plus de moi, terrien vivant. Interactions sans transactions.

Pour le piano vert, l'accueil a été comme prévu mitigé, je l'ai depuis repeint de laque blanche (je ne suis pas vraiment un parfait artisan mais bon). Il n'est pas très accordé… Ma fille cadette veut prendre des cours à la rentrée. J'en suis content. J'ai le regret de n'avoir pas appris. Mais oui, je peux encore le faire. Encore apprendre. Transformation. **»**

Ivan Maltcheff. Après plusieurs années d'expérience acquises en tant que DHR, Ivan s'est orienté vers le conseil auprès des dirigeants et le coaching. Son apport majeur : des synthèses, des schémas (l'organisation apprenante : l'éthique en action, c'est lui !), et des recentrages toujours pertinents… mais peu d'écrits de la part d'Ivan. Alors nous empruntons son texte destiné à la lettre *Nouvelles Interactions* n° 1, lettre du projet Interactions TP-TS. **La transformation personnelle, pour quoi ?**…

© Éditions d'Organisation

« **Transformation personnelle ?** Il paraîtrait qu'en travaillant sur soi on pourrait aider à la transformation de la société ? Après tout, il ne reste plus que cette piste à explorer parce qu'effectivement dès qu'on regarde du côté des idées nouvelles sur le plan exclusivement de l'organisation de la société, on bute toujours sur des comportements et des actes en décalage avec le discours et l'intention affichée. Bon, va pour l'idée, mais est-ce bien sérieux ? Cela fait des millénaires que sages, philosophes, mystiques, fondateurs contre leur gré de religions nous racontent cette histoire. Une des meilleures dans le genre est celle de Confucius : *"Les anciens qui voulaient faire montre de vertus illustres dans tout l'Empire s'attachaient à mettre de l'ordre dans leurs propres États. Voulant mettre de l'ordre dans leurs États, ils s'attachaient à mettre de l'ordre dans leur famille. Voulant ordonner leur famille, ils s'attachaient à cultiver leur personne. Voulant cultiver leur personne, ils s'attachaient à rectifier leur cœur. Voulant rectifier leur cœur, ils s'attachaient à rechercher la sincérité de leurs pensées. Voulant la sincérité de leurs pensées, ils s'attachaient à étendre le plus possible leur savoir. Une telle extension du savoir repose sur la curiosité de toutes choses… Du Fils du ciel à la masse du peuple, tous doivent considérer que cultiver la personne est la racine de tout le reste."*

Si cela marchait, ça se serait déjà vu, et puis la pensée que l'on puisse transformer l'homme, créer un homme nouveau, pour bâtir une société nouvelle, laisse derrière elle un relent de collectivisme et autres communautarismes.

Alors que faire ? Se lamenter sur la misère de la condition humaine, à jamais enchaînée par ses contradictions ? Se réfugier dans le monde des idées pures et composer au mieux avec « le réel » ? Se révolter contre notre insupportable destinée ? Pour ma part, je pense que la transformation personnelle passe par la prise de conscience que nous souffrons tous d'un déficit chronique de représentations, un peu comme une maladie dont nous ne serions pas bien conscients, ou comme une fable que nous nous racontons depuis

© Éditions d'Organisation

des millénaires et à laquelle il est temps d'arrêter de croire. Nous pensons que la réalité n'est qu'extérieure à nous, et que tout ce qui arrive s'explique par l'intervention de facteurs qui ne nous appartiennent pas. Nous pensons que nos idées, comportements, sentiments, pensées nous sont propres et nous permettent d'asseoir notre identité d'être unique et autonome. Nous pensons que nous ne pouvons que faiblement influencer le monde tel qu'il est et que ce monde est soit régi par des lois à jamais insondables pour notre petitesse, soit livré au hasard, ce mot magique qui explique tout ce que nous ne comprenons pas.

Il est vrai que plus récemment, nous avons pris conscience de notre interdépendance sur le plan planétaire. Et puis, nous sommes très nombreux à comprendre que les choses ne peuvent changer qu'avec une pensée globale faite de milliers d'actions locales. Mais à ce stade, nous pensons encore qu'il y a la réalité « vraie », celle qui est extérieure à nous, celle qui devrait changer pour que le monde soit meilleur… Mais si nos pensées, comportements et attitudes nous appartiennent, constituent ce moi, bien isolé et séparé des autres, alors qu'est-ce qui nous empêche de les transformer pour plus de bonheur, de plaisir, de légèreté ? Nous avons tout de suite une réponse : ce n'est pas si simple, nous sommes héritiers d'une histoire, d'un passé, d'un milieu, bref de nos relations avec d'autres… et ce n'est pas facile, et puis au fond, on ne se « refait » pas !

Mais alors, que reste-t-il de notre différence avec les autres, si ce sont ces autres du passé ou du présent qui expliquent notre incapacité à pouvoir nous transformer ? En quoi sommes-nous isolés, indépendants d'eux ? Où est vraiment la frontière entre ce moi et les autres, si l'on dépasse la surface des choses ? D'où nous vient l'illusion d'être séparés ? Si nous pouvions nous voir depuis l'espace comme habitant dans un grand organisme vivant appelé la Terre, nous nous verrions peut-être comme nous voyons aujourd'hui les neurones d'un même cerveau. En quoi la réalité

© Éditions d'Organisation

dite extérieure et la réalité dite intérieure sont-elles si différentes ? Si les pensées et comportements des autres influent sur mon réel, alors il en va de même pour les miens. Et donc chaque pensée, chaque parole, chaque acte manifeste une intention qui est créatrice de réalité pour moi et pour les autres : autres moi-même de tous les pays, unissons-nous !

Finalement Confucius a peut-être raison et ce qui va changer aujourd'hui c'est le pouvoir des millions de personnes qui vont sortir du rêve éveillé dans lequel nous sommes encore, pour pouvoir écrire une nouvelle histoire de l'humanité. Je terminerai par une citation d'un grand monsieur qui a compris depuis long-temps comment on fait du TP-TS : *"Notre plus grande peur n'est pas d'être inadéquat. Notre plus grande peur c'est d'être puissant au-delà de toute mesure. C'est notre lumière, pas notre ombre qui nous fait peur (…). Ainsi quand nous laissons briller notre propre lumière, nous donnons inconsciemment aux autres la permission de faire de même. Quand nous sommes libérés de nos propres peurs, notre présence libère automatiquement les autres."* Nelson Mandela. **»**

Béatrice Quasnik est consultante auprès de grandes entreprises internationales en communication, management et accompagnent des changements, et auteur de l'ouvrage *Libérez vos énergies*, First. Elle pilote dans le cadre du projet Interactions TP-TS le chantier *Valeurs émergentes* et anime le séminaire *Reconnexions,* voyage d'une journée à la rencontre du monde, des autres, et de soi-même. Ci-après **un éclairage sur l'évolution culturelle en cours,** qui, on peut le penser, va s'accélérer, et que les entreprises auraient certainement intérêt à prendre plus fortement en considération.

« Qui sont les nouveaux citoyens-acteurs de l'entreprise ? Dans les milieux du marketing et de la communication on se préoccupe beaucoup ces derniers temps du changement

© Éditions d'Organisation

que l'on sent percer dans les attentes des consommateurs. À l'heure du développement durable, les citoyens deviennent des acteurs majeurs dans une société de plus en plus soucieuse d'environnement et de pratiques sociales éthiques.

Dans les entreprises, cet intérêt existe aussi. Mais il prend plutôt la forme de déclarations d'intention destinées aux clients, aux partenaires institutionnels et aux organes de communication interne. Étrangement, on se satisfait de discours, et l'on constate que la réflexion en profondeur est considérée comme inutile, voire contraire à l'idée que l'on s'y fait du pragmatisme et de l'efficacité.

Comme si ceux qui sont aux commandes de ces entreprises ne percevaient pas que ces citoyens-consommateurs dont on scrute les comportements sont ceux-là mêmes qu'ils emploient, des citoyens-acteurs de leur vie professionnelle, porteurs d'exigences nouvelles et de valeurs en pleine émergence.

Ne serait-il pas temps de regarder avec autant d'intérêt leurs attentes en tant que collaborateurs qu'en tant que consommateurs, et d'en tirer une nécessaire réforme du management des ressources humaines ? »

Marie Rebeyrolle a terminé à l'été 2004 une thèse d'anthropologie appliquée à l'entreprise, sous la direction de Marc Augé à l'EHESS qui lui a permis de capitaliser ses dix-huit années d'expérience passées en entreprise, son dernier poste ayant consisté à diriger l'université interne d'un groupe international. De réunion en réunion, Marie a écouté, puis proposé, encore écouté, puis encore proposé, puis… : une spirale vertueuse. Comme celle qu'elle nous propose en filigrane de **la logique de la différence**.

« **L'entreprise aime le pragmatisme, la performance et l'action.** Tout ce qui s'en revendique ou s'en approche lui

© Éditions d'Organisation

paraît concret et utile, tout ce qui s'en éloigne lui semble au mieux nébuleux ou vaseux, au pire intellectuel. La spirale vertueuse TP-TS est une belle idée, relevant à la fois du constat et du programme. Du constat parce que l'homme est un animal social, et que sa nature est donc de se construire dans et de produire du collectif. Mais cette spirale relève également du programme, parce qu'elle implique de donner à cette relation entre individu et collectif une coloration positive, bénéfique et porteuse pour les deux protagonistes.

Aujourd'hui, dans nos sociétés, la montée de l'individualisme – largement analysée dans ses causes et ses conséquences – s'accompagne en particulier d'un déclin des collectifs et des grandes institutions. Dans ce mouvement général où l'individu devient à lui-même son propre et unique repère, pour le meilleur et pour le pire, l'entreprise est devenue l'un des seuls collectifs qui tiennent le choc, ce qui d'ailleurs peut expliquer en partie le fait qu'elle soit tour à tour adulée et haïe. Cela dit, l'entreprise n'est pas à l'abri, loin de là, de cette montée de l'individualisme, dont elle se fait le relais, en particulier dans la gestion de plus en plus individualisée des parcours, ou encore dans le déclin d'un certain nombre de ses collectifs. Que sont devenus, en effet, les ouvriers, les syndicats ou même les cadres en tant que communautés d'appartenance ?

Se donner comme objectif d'appliquer à l'entreprise la spirale vertueuse TP-TS peut sembler, dans ce cadre, de l'ordre de l'utopie la plus débridée. L'entreprise est bien loin, en effet, de ce type de préoccupations. Son objectif est la rentabilité, et toute idée, aussi belle soit-elle, devra donc passer par le filtre de sa quantification tendant à prouver son efficacité si elle veut espérer être entendue. De même, les individus travaillant en entreprise sont de plus en plus sceptiques vis-à-vis des collectifs, d'une part pour cause d'individualisme et, d'autre part, parce que les anciens collectifs battent de l'aile et les éventuels nouveaux se font largement attendre. Pour

© Éditions d'Organisation

l'anecdote, et à titre d'exemple, les trente-cinq heures présentées comme un moyen de développer l'activité associative se sont révélées un formidable levier de développement du jardinage. Au pays de Voltaire, cultiver son jardin a encore de beaux jours devant soi…

Mais on peut également envisager cette application de la spirale vertueuse TP-TS à l'entreprise comme une expérimentation choisissant un terrain approprié pour au moins deux raisons. La première est que l'entreprise peut de moins en moins échapper aux questions relatives à l'impact écologique de sa production. À quoi bon continuer de produire si notre planète devient inhabitable ? La seconde raison est que l'entreprise est de plus en plus sommée de tenir compte de la dimension sociale de son activité. Quelle peut être, en effet, la rentabilité de son activité s'il n'y a plus personne pour consommer ?

Il en va donc de sa survie que de s'intéresser à ce qui ne relève pas directement de ses objectifs, à savoir la dimension écologique et sociale dans laquelle elle s'inscrit malgré elle. Elle est d'ailleurs de plus en plus réceptive à ce type d'arguments, le promouvant à doses plus ou moins homéopathiques ou cosmétiques dans son activité et, surtout, son discours. Dans ce cadre, si elle n'ose plus vraiment parler de « richesse humaine » par exemple, elle revendique aujourd'hui des valeurs, une éthique ou, a minima, une déontologie, dans la perspective d'un contrat « gagnant / gagnant ».

Dès lors, en quoi notre spirale vertueuse TP-TS s'inscrit-elle dans ce mouvement ? Elle y participe dans la mesure où elle rappelle un certain nombre d'évidences, que l'on oublie parfois, en particulier le fait que la montée de l'individualisme est en même temps un fantastique moyen d'émancipation et un levier possible d'enfermement. Se retrouver seul, face à soi-même, c'est en effet très bien, mais un peu juste. En ce sens, elle peut aider l'entreprise à redonner du sens à la relation entre les individus et le ou les collectifs dans lesquels ils s'inscrivent, et réciproquement.

© Éditions d'Organisation

Mais elle est également en deçà ou au-delà de ce mouvement, car il n'est pas sûr que la logique « gagnant / gagnant » soit la sienne. Cette logique, en effet, continue de promouvoir un registre de représentations relevant du « toujours plus », même si elle précise « mais on peut négocier ». Or cette logique n'est-elle pas en train de montrer ses limites ? Vouloir le beurre et l'argent du beurre, c'est humain, mais est-ce tenable ? La spirale vertueuse TP-TS risquerait donc de conduire l'entreprise et de nous conduire sur un terrain peu recommandable, celui du manque ou de l'imperfection, autrement dit du désir et de la différence. En d'autres termes, l'isolement souverain, la toute-puissance ou la perfection ne seraient-ils pas de ce monde ? Faudrait-il en faire le deuil ? Ne pourrait-on pas avoir le beurre et l'argent du beurre pour notre plus grand malheur ou notre plus grande chance ? »

Hervé Sérieyx. Auteur de nombreux ouvrages en management qui font référence (le dernier : *Coup de gueule en urgence*, Eyrolles, 2004), Hervé anime depuis sa création le groupe Entreprise TP-TS faisant à Laurence Baranski et Annie Batlle la confiance et l'amitié de croire à cette aventure. À côté de ses activités de conseil en management et d'éclaireur dans ce domaine, il a une autre passion : la chanson. L'un de ses derniers livres, *Boussole par temps de brume*, Éditions d'Organisation, 2004, l'illustre. Alors, en guise de tonalité, des paroles pour alerter. TP-TS est avant tout une affaire personnelle. **Ce qu'il ne faudrait plus être...**

« On est tous un peu Jivagos,
On réduit les autres à zéro.
Petit' tête,
Petit mec,
Petit con de rien du tout,
Que tu fasses,
Trop d'espaces,

© Éditions d'Organisation

Je t'efface un point c'est tout,
Que tu passes,
Sur mes traces,
Ça m'agace, trop c'est trop,
Que tu viennes,
Ça me gêne,
Je te rétrécis la peau,
On est tous un peu Jivagos,
On réduit les autres à zéro.
Pas d'histoire,
Les victoires,
Je me les garde pour moi,
Les défaites,
Sont bien faites,
Pour des types comme toi.
Quand il flotte,
dans tes bottes,
Je veux bien te plaindre un peu ;
Le soleil,
C'est pas pareil,
Y'en a pas assez pour deux.
On est tous un peu Jivagos,
On réduit les autres à zéro.
C'est pire,
Quand tu respires,
Tu me pompes l'air mon vieux.
Quand tu penses, tu t'expanses,
Ça fait de l'ombre à mes yeux.
Si tu restes,
Sans un geste,
Tu peux vivre encore un brin ;
Je vois rouge,
Si tu bouges,
Je te renvoie dans ton coin ;

© Éditions d'Organisation

On est tous un peu Jivagos,
On réduit les autres à zéro.
Si tu perds,
Mon petit frère,
C'est pas trop grave pour toi.
Si tu gagnes,
c'est au bagne,
Mon copain que je t'envoie.
Je te mine,
T'élimine,
Te ramène à trois fois rien ;
La tête, que je te souhaite,
N'est pas plus grosse qu'un point.
On est tous un peu Jivagos,
On réduit les autres à zéro.
On est tous un peu Jivagos,
On réduit les autres à zéro. »

François-Noël Tissot, coach et consultant, propose un soutien opérationnel à la construction d'identité dans le champ concurrentiel international.
Avec une dimension de chercheur conceptualiste côtoyant celle d'acteur impliqué, François-Noël participe également au projet Interactions TP-TS dans le cadre du projet Coopéractions et cosigne *La Programmation en Pratiques*, Éditions Recherche.
Il éclaire ici le déploiement organisationnel d'acteurs globaux par **une observation du secteur humanitaire**.

« **Du bailleur de fonds au logisticien, le secteur humanitaire s'organise en spécialistes métiers** dont les capacités se déploient simultanément, de façon dédiée, dans des contextes opérationnels et culturels singuliers, diversifiés, chargés de tensions inédites.

© Éditions d'Organisation

L'on reconnaît là les traits de l'organisation « globale » et « éclatée » de demain, porteuse de forte valeur ajoutée sur une rationalité économique restreinte.

Selon ce modèle, émergant ici et là, l'organisation se réinvente pour servir, à chaque instant, l'innovation de ses clients : à cette fin, elle leur sert un « juste nécessaire » congruent avec son cœur de métiers.

Cette organisation se structure en un tissu résiliaire dont la valeur d'usage s'évalue à trois facteurs : la variété, la fréquentation et l'interconnexion de ses points nodaux.

Chaque cellule nodale de cette organisation éclatée optimise ses ressources du lieu et du moment face à un triple enjeu : le besoin singulier du client qu'elle sert, la raison d'être de l'institution dont elle procède, la lisibilité collective sur l'opportunité et le risque ontologiques.

Comme l'illustre le « COMPAS Qualité » dont se dote le secteur humanitaire européen, l'organisation y a pour mission de fiabiliser l'autonomie et l'initiative au plus proche des moment et lieu de l'action, en milieu complexe, incertain, évolutif, ouvert, interactif et concurrentiel, en vue de construire une culture professionnelle capitalisable et transférable.

Les outils et les pratiques qui relèvent de la génération de telles organisations se heurtent encore à l'insuffisante autonomie des critères d'appréciation de leur contribution : on les juge nécessairement au moins autant au regard de la représentation que l'on quitte, mais que l'on croit connaître, que de la représentation qui s'invente collectivement, mais encore à tâtons.

Lorsque l'on aborde la qualité et l'évaluation, la surgénération de valeur et la cogestion du risque, l'organisation apprenante et la valorisation de la ressource humaine, la cohésion et la construction

© Éditions d'Organisation

identitaire de l'institution, les tensions s'avivent entre information et connaissance, raisonnement et discernement, légalité et éthique, risque et valeur.

Pour illustration, la qualité porte moins sur l'output ou le process et plus sur l'acteur, ses compétences, ses valeurs et l'outillage de sa représentation.

L'enjeu est en effet de fiabiliser l'autonomie et l'initiative.
À chaque personne, il revient moins de faire signe ou de faire sens et plus de faire lien : lien avec soi, lien avec « l'autre », lien avec l'environnement interne, externe, global, contemporain et historique.

Ainsi l'on peut apprécier les dispositifs dont se dotent les organisations sur leur capacité à permettre à qui « vient de loin » de « penser large et agir juste ».

Ici encore, l'initiative humanitaire éclaire chacun.
À de telles conjugaisons singulières, tout acteur est appelé à (re)devenir auteur et projet pour construire son identité par la réponse qu'il apporte aux enjeux de son temps. Immédiat, pertinent, radical : ainsi s'apprécient la qualité et l'économe du lien. »

Leur présence fut plus irrégulière mais inspirante

Sophie Amar. Responsable de formation passée à l'activité de formatrice, Sophie nous a rencontrés par l'intermédiaire d'un article publié en décembre 2002 dans *Télérama*.
Son stage au sein d'interactions TP-TS l'a conduite à visiter les différents chantiers, groupes de travaux, dont le groupe Entreprise, et à participer à d'autres initiatives. Un voyage dans le monde de la complexité, entre, de la part des uns et des autres, désir d'évolution et peur de s'affirmer, entre idées et émotions. Lorsque nous avons échangé

© Éditions d'Organisation

pour la première fois avec Sophie, elle a demandé : « *Mais concrètement, vous faites quoi ?* » L'un de nous lui a répondu : « *On ne sait pas. Concrètement, vous feriez comment pour accompagner un projet d'évolution culturelle qui nous concerne tous, dans le respect de nos diversités ? Alors pour l'instant, nous proposons un livre...* » Sophie a, lors de nos réunions, insisté sur l'importance d'apprendre à porter **un autre regard... sur soi**. Du coup, elle a décidé de pousser l'observation sur ce projet en prenant Interactions TP-TS comme objet de recherche d'une maîtrise universitaire sur le thème : « *La dimension des imaginaires individuels et collectifs au sein d'un nouveau groupe de militants de type associatif.* »

Esther Galam. Esther est spécialisée dans les approches favorisant le développement de la créativité. Artiste à ses heures, elle est également animatrice d'une émission hebdomadaire *Facteur Humain* sur Radio Aligre Radio non commerciale (FM 93.1).
L'opportunité de bénéficier d'un horizon très large sur : « ce qui se dit mais ne se fait pas », « ce qui se fait mais ne se dit pas », « ce qui se fait et se dit aussi »... Sa passion : certainement mettre en relations, faire émerger... et tant qu'à faire avec **humour, légèreté, couleurs et poésie, autant d'éléments qui libèrent la créativité sans pour autant lui ôter sérieux et pertinence**. Telles furent les tonalités apportées par Esther qui se consacre à présent au « coaching créatif ».

Eric Langevin. Eric est consultant formateur spécialisé dans les pratiques coopératives, l'animation de réseau, et la gestion de l'interface entre les nouvelles technologies et « l'humain ». Intervenant dans le cadre de sa propre structure, Kréacom, il connaît bien le monde associatif et humanitaire. C'est certainement pour cela qu'il a conduit nos échanges sur le

© Éditions d'Organisation

terrain des nouvelles technologies et a relativisé toute vision angélique que l'on pourrait porter sur l'humanitaire au prétexte de valeurs humanistes affichées a priori. Par ailleurs, Eric anime le chantier *Coopéractions* d'Interactions TP-TS, chantier dont le but est de **promouvoir la diffusion des pratiques coopératives** dans le champ de tous les jours, le champ citoyen. Un chantier qui a entre autres inventé les **Cafés Coopé** et les consultations coopératives. C'est gratuit, interactif, et espérons-le, transformateur.

Yolande Brossard. Après avoir occupé des responsabilités managériale et de direction dans l'univers médico-social, Yolande a décidé de reprendre des études : elle a opté pour une formation de troisième cycle sur « Les théories et pratiques des interventions dans les organisations » pilotée par le Laboratoire de changement social de Paris II. Yolande nous a fait le plaisir de penser qu'Interactions TP-TS constituait un terrain suffisamment riche pour y réaliser son stage d'études. Elle s'occupe tout particulièrement de mettre en œuvre au sein d'Interactions TP-TS, **le processus « charte relationnelle »** qui vise à apprécier la qualité des relations qui sont développées entre les acteurs et leur cohérence au regard des finalités du projet. Une tentative et un outil d'apprenance… à faire vivre dans le temps !

Les derniers arrivés

Serge des Ligneris est manager et chef de projet. Il a apporté son expérience de manager opérationnel doublée d'un regard particulier sur l'être humain et la vie, un regard nourri d'écoute et de respect : « *Cet ouvrage est difficile à écrire. Selon moi, une condition de réussite est qu'il soit aussi écrit avec le cœur.* » Son éclairage : **un témoignage, contre-exemple de l'apprenance.**

© Éditions d'Organisation

« J'ai eu à reprendre il y a quelques années la direction d'une petite société de services qui avait été rachetée par mon employeur, lui-même une grande société de services informatiques. Bien que, en deux ans, nous ayons pu faire évoluer cette structure, en réussissant à la fois une forte croissance et une bonne marge, je retire de cette période un certain goût d'inachevé, car au bout de deux ans, nous avions perdu l'esprit de conquête du début. La structure a été fusionnée avec la maison mère, et n'a plus poursuivi son développement. Pourtant les équipes avaient été maintenues. Le mal était plus profond ; au fond nous n'avions pas su créer une organisation apprenante.

Une organisation apprenante, c'est une organisation d'hommes et de femmes qui se nourrissent de leur expérience au fur et à mesure de leur avance, qui loin de s'épuiser et de se tarir en face d'enjeux grandissants et changeants, en tirent chaque mois plus de force et de richesse. Alors, qu'est-ce qui n'a pas marché ?

Avec le recul, je distingue trois phénomènes concomitants :

— *nous n'avons jamais réussi à mettre en place une véritable dynamique de création individuelle et collective. Ainsi, la capitalisation des connaissances acquises, méthodologiques et techniques, n'est restée que très parcellaire par rapport à ce qu'elle aurait pu être. En fait, le respect des diversités et des apports de chacun, la volonté de faire ensemble au-delà des attentes et des priorités différentes, n'étaient pas suffisamment forts, face à la pression des projets en cours, d'autant plus présente dans une période de forte croissance. C'est un savoir-faire et un savoir-être ensemble qui nous ont manqué.*

— *des erreurs de management : d'une part, ma culture de la « gagne », entretenue par des objectifs de ma hiérarchie toujours plus ambitieux, me poussait, comme patron, à placer la barre très haut, trop haut. D'où une fatigue, une compétition, une peur du jugement entre les personnes, qui a progressivement nui à la solidarité. D'autre part j'ai fait l'erreur de recruter comme directeur commercial,*

© Éditions d'Organisation

en remplacement du précédent parti créer sa société, l'ami du directeur des opérations que j'avais aussi recruté quelques mois plus tôt. Cela a fini par fausser les relations dans l'équipe de direction, mais aussi dans les équipes opérationnelles. Enfin, ma hiérarchie s'était défocalisée de son rôle de management, pour se consacrer au développement du business. Ce qui fait que j'ai manqué de sa part de conseils nécessaires, par exemple dans le recrutement du directeur commercial, ou de soutien dans les phases de forte surcharge. Je retire de cette époque un manque d'éclairage sur les bonnes pratiques managériales, en particulier celles à suivre en période de start-up. Un « coaching » réalisé à temps m'aurait probablement permis d'éviter les écueils.

— enfin, à cette époque de forte croissance technologique, où l'offre de compétences était plus rare que la demande, régnait un certain consumérisme chez quelques salariés (pas tous heureusement), et qui pourrait se résumer ainsi : "Je fais le travail qui m'intéresse dans mon coin, et au contraire de chercher à l'élargir en partageant l'objectif commun de mon équipe, je veille à saisir à l'extérieur de nouvelles opportunités, si elles s'avèrent plus avantageuses sur le plan personnel."

Voilà comment un succès, en termes de croissance et de rentabilité, peut masquer des difficultés humaines, qui à la longue ont compromis le développement futur. **»**

André-Yves Portnoff nous a tout particulièrement éclairés sur les notions de **valeur et** de **capital immatériel** et du rôle majeur des interactions dans ces deux domaines. Il nous a indirectement rappelé une évidence que nous avions oubliée en chemin : nous réfléchissions dans le cadre d'Interactions TP-TS et avions à ce titre intérêt à axer nos propos justement sur… l'interaction. Voici l'extrait d'un article, écrit en collaboration avec Véronique Lamblin, et ayant pour titre *Le capital réel des organisations*, et paru dans la revue *Futuribles*.

© Éditions d'Organisation

« Entre personnes, un échange ne s'opère que si chaque partie possède des compétences d'ordre intellectuel et affectif. On pourrait même simplifier, parler de « savoir et vouloir ». L'auteur d'un livre a mis en œuvre son talent, sa volonté pour écrire, du « savoir et du vouloir-faire avec d'autres » pour que son ouvrage soit imprimé, diffusé, pour qu'il arrive à la connaissance du lecteur potentiel et retienne son attention. Il a considéré consciemment ou inconsciemment que cet investissement « composite » valait la peine, compte tenu du résultat escompté.

Le travail immatériel a donc deux composantes, là encore l'une d'ordre **intellectuel** : créativité, capacité à construire des solutions ; l'autre d'ordre **affectif** : capacité à construire des relations humaines avec d'autres personnes, collaborateurs, fournisseurs, et bien évidemment, clients…

Le lecteur potentiel ne va acquérir l'ouvrage proposé que s'il sait lire, que si son attention est captée, que s'il est intéressé par son contenu et peut l'apprécier, et s'il a confiance dans l'auteur et le vendeur. Cette décision ne se déclenche pas sans un élément émotif… Pour que la valeur d'un bien apparaisse et ait des conséquences dans la société, il faut donc remplir au moins trois conditions, dont deux sont immatérielles : communication, confiance, émotion (selon une formule de Xavier Dalloz).

Revenons sur l'objet « livre ». Il est fait essentiellement de papier, d'encre, de colle. Sa valeur n'a pourtant rien à voir avec la somme des valeurs de ces trois composants. Leur organisation, leurs interactions sont à l'origine de la valeur que nous attribuons ou refusons à l'ouvrage. Pareillement, la valeur, l'aptitude d'un atelier de machines-outils à satisfaire les objectifs que nous lui fixons n'est pas l'addition des performances de chaque équipement, mais la résultante de la qualité de leur agencement, leur organisation, donc leurs interactions. La valeur est le fruit de synergie et non d'additions arithmétiques.

© Éditions d'Organisation

On peut généraliser à un grand nombre de personnes constituant une équipe, une organisation, peuplant un territoire, ce que nous avons décrit pour deux acteurs symboliques. Les interactions créent de la valeur dans la société dans la mesure où elles sont pertinentes, mettant en contact des personnes ayant des complémentarités leur permettant d'échanger quelque chose qui leur apporte de la valeur, de la richesse. **Il n'y a de valeur que d'échange, la valeur en soi n'existe pas,** elle est création humaine donc subjective. La valeur naît toujours d'interactions entre idées, objets, personnes, équipes, machines, ou entre hommes et machines. »

Alain Richemond est directeur général adjoint d'Alma Consulting Group, auteur de *La résilience économique*, Éditions d'Organisation, 2003. Son implication, entre apport de nouveauté et désaccords (féconds) a insisté sur les notions d'équipe et de rupture culturelle indispensable. Alain propose là une synthèse des échanges de l'une de nos dernières réunions, synthèse teintée de son propre regard...

« **Entreprise apprenante, compétition internationale et nouveau contrat social.** Dans une économie où le vieillissement de la population active force à trouver de nouvelles formes d'adhésion à l'entreprise pour conserver et entretenir les compétences, l'entreprise apprenante est au cœur d'un nouveau « contrat social ». Une telle entreprise offre à ses collaborateurs un sens, celui d'associer à leurs progrès individuels une dimension collective. Dans le contexte d'une compétition internationale plus vive, cet enjeu devient majeur pour permettre à l'entreprise de survivre.

L'accélération du mouvement de spécialisation internationale (chaque pays se spécialise dans les activités économiques où il détient les meilleurs avantages comparatifs) avec la poussée de

© Éditions d'Organisation

l'industrialisation en Asie (Chine) va faire évoluer les activités en faveur de celles où nos atouts seront les plus solides. Cette évolution n'est pas une fatalité, elle est en revanche une vraie remise en question de nos modes de production antérieurs et de nos capacités à créer de nouveaux produits et services. À bien des égards, le mouvement de spécialisation est un défi où les compétences, l'intelligence, la formation, la créativité jouent un rôle prépondérant.

Les entreprises internationalisées possèdent une longue tradition d'adaptation de leurs employés à de nouvelles formes de production, de distribution ou d'organisation. Dans ces entreprises, un rythme élevé d'introduction de nouvelles techniques favorise des temps plus courts d'adaptation : l'apprentissage d'un « apprentissage rapide » a permis et permet de tenir une cadence plus soutenue d'introduction de nouvelles technologies. Alors que le délai moyen d'adaptation des salariés tend à diminuer, les gains de productivité progressent plus vite. Cette forme d'entreprise apprenante, qui est fondée sur une optimisation mécanicienne de la capacité d'apprentissage, met bien en œuvre une somme de moyens de formation individuels et collectifs, mais dans le cadre d'une organisation traditionnelle de l'entreprise. L'entreprise apprenante dépasse cette forme d'organisation de l'apprentissage pour **faire émerger une véritable aptitude de l'entreprise à générer sa propre capacité de changement.**

Cette capacité de l'entreprise à se renouveler passe par la mobilisation de forces créatives qu'elle maîtrise mal, voire qui la dérangent. Tandis que le fonctionnement économique a longtemps reposé sur des comportements humains élémentaires, normés et pré-définis qui répondaient à une organisation d'inspiration largement militaire, on découvre la nécessité de la créativité dans un espace moins hiérarchique et contraignant. Cette capacité créative est présente chez tout un chacun et il devient déterminant de tout entreprendre pour valoriser cette richesse humaine souvent ignorée. **Les sondages sur le mal-être des salariés ne**

© Éditions d'Organisation

manquent pas ; ils soulignent les difficultés des salariés face au manque de reconnaissance ou d'écoute dont ils font l'objet. Jusqu'à présent, l'entreprise n'a pas ressenti comme pénalisant de rejeter ou de marginaliser des collaborateurs porteurs de renouveau. Un salarié sur deux considère encore qu'il court le risque de se faire mal voir en prenant la parole[1]. Il nous faut changer d'optique sur leur sort. L'inversion « culturelle » que demande l'entreprise apprenante ne doit pas être sous-estimée. »

Les invités

Leurs interventions nous ont permis d'avancer sur les thèmes du coaching, de l'université d'entreprise, de la flexibilité, du débat, du développement durable et de l'éthique / déontologie. Les comptes rendus de ces séances sont en ligne sur le site : www.interactions-tpts.net

Thierry Chavel. Alors responsable de l'activité Coaching chez Médiator International, fondateur du cabinet Alter et Coach, auteur de l'ouvrage *Le coaching démystifié* (Éditions Demos, 2002). Il est intervenu en septembre 2002 sur le thème : **le coaching ou la transformation personnelle, pourquoi et jusqu'où ?** En terme d'éclairage, nous retiendrons ici plus particulièrement...

« L'explosion actuelle du coaching révèle que la vision mécaniste de l'entreprise et du management n'est plus satisfaisante : au-delà des modèles participatifs ou des organisations organiques généralement opposés au taylorisme, il y a actuellement une profonde remise en question de ce qu'est « gouverner

---

1. Sondage BVA, « La tentation du mutisme », *L'Express*-Bernard Brunhes Consultants, mars 2004.

© Éditions d'Organisation

des entreprises » et sur l'idée que le développement personnel a directement à voir avec ce gouvernement.

La conséquence négative associée à cette explosion est l'institutionnalisation actuelle des pratiques de coaching que l'on voit commencer à se figer. En particulier une institutionnalisation très psy, sportive, ou pseudo sportive. Dans le même temps, on nous propose de « coacher notre corps ». Tout fait l'objet de coaching. Le mot agirait comme un sésame.

Derrière cela, il y a une question de fond. Si l'on en croit le dicton qui nous dit qu'il n'y a pas de fumée sans feu, alors nous devons considérer que le coaching est le symptôme d'autre chose : il atteste une crise de la représentation. Son explosion révèle la perte de sens, la faillite des modèles et des grandes institutions symboliques. Plus largement, il est corrélé à la faillite des modèles néoclassiques et postmodernes. Ainsi, même l'individualisme qui semble porter le coaching est aujourd'hui mis en péril. »

Hubert Landier. Directeur de la revue *Management et conjoncture sociale*, observateur et spécialiste de l'évolution de l'entreprise et le changement social, l'évolution des marchés et des savoir-faire, Hubert Landier a ouvert nos réflexions en abordant, en mai 2002, le thème de l'université d'entreprise.

« **Même si des programmes permettant la diffusion et l'appropriation des connaissances sont proposés, l'université d'entreprise** n'est pas un centre de formation classique. Car **sa valeur ajoutée réside dans le fait qu'elle est avant tout un lieu de partage d'expériences, de confrontation, de mise en relations, de rencontres, de brassage, de création de réseaux...** et de renforcement d'une culture commune.

© Éditions d'Organisation

C'est un lieu où les acteurs vont partager une certaine vision du changement et qui va permettre de produire un nouvel ordre. L'entreprise se recompose dans ce lieu symbolique sur la base « de quelque chose de noble » lié à l'apprentissage.

Le terme « lieu » est parfois même impropre. Certaines universités ont fait le choix de la virtualité, le choix d'être des universités sans « murs ».

On doit imaginer que l'université d'entreprise est « biodégradable », éphémère, disparaissant une fois que tous les intéressés ont suivi le programme proposé. Dans cette optique, elle ne peut être pérenne, institutionnalisée. L'institutionnalisation se présente même comme un risque, voire une déviance. Elle fige ce qui initialement est orienté vers le changement et l'innovation.

La réalité est néanmoins différente : nombre d'universités d'entreprises sont adossées à des centres de formation, ou abritent des cours de rattrapage de formation, des cursus packagés… »

Alain Lebaube est directeur du *Monde initiatives*.
Il est intervenu sur le thème : **les logiques contradictoires de la flexibilité**. Parmi les idées que nous avons retenues, en synthèse...

« **Nous assistons dans tous les domaines à la fin du modèle mécanique, des systèmes binaires, au profit des modèles vivants, des systèmes complexes** ; tout se joue désormais sur « les marges », dans les zones où ne vont pas traditionnellement les États, les politiques. On entre dans une nouvelle logique du flou. La flexibilité, qui concerne autant l'entreprise que les salariés, entraîne une réflexion de fond qui nous conduits à **(re)penser radicalement**, entre autres :

© Éditions d'Organisation

- **nos dispositifs de protection sociale** *qui ne peuvent plus être liés au seul salariat, et le « revenu d'existence suffisant » vers lequel nous devons nous acheminer ;*
- **la notion de travail** *en la confrontant à celle d'activité ;*
- **nos grilles d'analyse** *: les statistiques disponibles, INSEE entre autres, sont définies par référence au seul développement industriel et restent tayloriennes. L'unité de base (ETP : Équivalent Temps Plein) est devenue totalement déconnectée de la réalité : lorsqu'on recense par exemple 675 000 ETP, on ne rend pas compte du fait qu'ils concernent en fait 10 millions de personnes qui ont un contrat de travail hétérogène (CDD, intérim, stagiaires, emplois aidés et précaires, …), et qui auront beaucoup de mal à rejoindre le noyau dur du salariat. C'est ce que certains appellent « le halo de l'emploi ».*

Les syndicats et les patrons ne sont pas légitimes pour négocier seuls cette flexibilité réciproque car ils ne sont pas représentatifs de la vie de la cité (famille, logement, soins…). D'où l'intérêt d'avancer sur « un quatrième niveau de négociation sociale » équivalent au territoire. Nous sommes bien dans une zone de flou : nous devons définir les nouveaux repères, ne plus penser en fonction des anciens, et concilier, in fine, l'autonomie individuelle et la cohérence de l'entreprise recomposée. **»**

Pierre Leclair. Directeur d'études à *Entreprise et Personnel*, auteur de *L'action et le débat : travail, efficacité collective et coopération*, Pierre Leclair est intervenu en juin 2002 sur le thème : **de l'implication personnelle à l'efficacité collective, la coopération fondée sur le débat.** Toujours, parmi les idées que nous avons retenues…

« Cette exclusion du débat, et le fait que lui soient préférés l'argent et le pouvoir, est possible dans l'entreprise tant que l'on échange de l'argent contre de l'obéissance. Mais dès

© Éditions d'Organisation

lors que l'on se situe dans un monde où c'est l'engagement individuel qui est sollicité, dès lors que l'on souhaite avoir des salariés
autonomes et impliqués, ces médiums ne peuvent plus jouer leur
rôle attendu. Car les personnes ne peuvent plus être considérées
seulement comme de simples acteurs agissants, comme de
simples sujets récitants. On se trouve alors face à une difficulté :
l'entreprise ne peut plus éviter la confrontation avec le *monde
vécu* de ses salariés, *monde vécu* qu'elle n'a pas forgé elle-même
(bien qu'elle continue, il est vrai, à le forger). Elle se trouve dans
l'obligation de l'intégrer par la pratique du débat.

**On peut voir le modèle du débat coopératif comme
une résurgence du management participatif. Mais ici la
communication va beaucoup plus loin.** On est proche de
la métaphore du récit, c'est-à-dire d'une construction en commun
qui permet de passer d'une situation à une autre par une élucida-
tion progressive du sens et avec des personnages qui construiront
ensemble la définition d'une action. Il y a différentes sortes de
récits, comme il peut y avoir différents fonctionnements d'équipes
et d'entreprises… **»**

Élisabeth Laville. Directrice de l'agence *Utopies* et auteur
de *L'entreprise verte* (Village Mondial 2002), Elisabeth Laville
est intervenue en octobre 2002 sur le thème :
le développement durable, pourquoi et comment ? Toujours,
en guise d'éclairage, quelques idées sélectionnées parmi
la profusion proposée lors de cette séance.

**« La citoyenneté d'entreprise est un impératif pour le
XXIᵉ siècle** et les entreprises doivent s'engager sur cette voie.
Elles le peuvent, car comme le dit Bernard Shaw : *"Il y a deux catégories d'individus : ceux qui regardent le monde tel qu'il est et se
demandent pourquoi. Ceux qui imaginent le monde tel qu'il devrait
être et se disent : pourquoi pas ?"*

© Éditions d'Organisation

L'idée fondatrice du développement durable est qu'il est possible de créer simultanément de la valeur sur les trois pôles que sont : la société, l'environnement, et l'économie. C'est « la triple *bottom line* ».

S'engager sur le chemin du développement durable au sens d'une entreprise qui veut assumer ses responsabilités sociales et environnementales (Rapport Brundtland, Agenda 21…) implique de **changer la façon dont fonctionne l'entreprise**, dont elle conçoit ses produits, dont elle les fabrique, dont elle fait son marketing et sa publicité. Il ne s'agit pas seulement de redéfinir ses objectifs, ses missions et sa raison d'être, mais véritablement de mettre le développement durable au cœur de la stratégie. Cela entraîne une révolution industrielle et culturelle : changer la manière dont est évaluée la performance et dont est mesuré le succès. À côté de l'affirmation des valeurs, l'engagement des dirigeants et leur congruence sont incontournables. **»**

Yves Médina. Nous avons consacré trois séances au thème de **l'éthique et de la déontologie** dans l'entreprise. C'est dire si le thème a suscité des débats passionnés. Nous avons demandé à Yves Médina, auteur de l'ouvrage *La déontologie : ce qui va changer dans l'entreprise*, Éditions d'Organisation, 2003, directeur de l'ORSE, de nous éclairer. Construites sur la base des échanges qui ont suivi ses interventions, nous retenons ces idées…

« L'évolution de la demande sociale au niveau mondial et l'implication des instances internationales nous conduisent à imposer aujourd'hui notre vision des droits de l'homme à l'ensemble de la planète via l'entreprise. Celle-ci devient le vecteur de ce portage souvent parce que les États entre eux sont incapables d'imposer des lois universelles. Elles deviennent les seules organisations, avec les ONG, qui « sont »

© Éditions d'Organisation

dans le monde (s'agissant de la France les alliances françaises sont mortes, l'Éducation nationale ne s'exporte pas, l'intelligentsia n'est plus internationale …).

L'entreprise se « prête » à ce jeu car elle a tout intérêt à le faire. Et si l'on considère que globalement la communauté humaine peut y gagner, nous sommes alors dans un échange gagnant / gagnant.

À titre d'exemple, l'attitude de Nike est significative. Nike a découvert que cela coûtait plus cher d'avoir des procès et une image de marque déplorable que d'être morale. En adoptant un code déontologique, dans son intérêt, cette société contribue à faire changer les comportements et devient vecteur de l'universalisation des droits de l'homme même si elle en profite au passage. C'est ainsi que dans des pays entiers peuvent apparaître de nouvelles régulations qu'une nouvelle loi n'aurait pas pu faire passer. C'est un volet très pratique de la déontologie certainement plus concret que tous les grands discours ou discours contestataires qui reprocheraient à l'entreprise de faire de la récupération capitalistique de « l'éthique » et d'autres thématiques comme le « développement durable ».

Bien évidemment, il ne faut pas être angélique. En surface, certaines entreprises n'utilisent ainsi plus le travail des enfants mais leurs sous-traitants continuent de sous-traiter à des entreprises locales qui, elles, utilisent le travail des enfants. **C'est là que la vigilance doit rester importante, car dès qu'on met en place un système, la tendance est de tenter de le contourner. »**

© Éditions d'Organisation

Une dynamique collective : naissance et développement du projet Interactions TP-TS

De 1966 à 1976, le **groupe des Dix**, créé par Jacques Robin[1] et Robert Buron, a inspiré un courant de pensée : celui de la pensée complexe, transversale, et transdisciplinaire. Citons Edgar Morin[2], René Passet[3], Joël de Rosnay[4] et Henri Laborit[5].

L'aventure s'est continuée dans les années qui suivirent en réunissant ou reliant de plus en plus de personnes, chercheurs, décideurs, praticiens, ou simples citoyens. Les membres de ce « réseau de réseaux » qui s'est ainsi constitué sont tous animés par la volonté de contribuer à la construction d'un monde plus humain, solidaire, respectueux des différences et donc porteur d'une nouvelle politique de civilisation.

Loin des approches dogmatiques, motivées par une recherche de sens, de cohérence, et de maintien des équilibres de la vie notamment entre l'espèce humaine et la biosphère, les réflexions se sont enrichies au fil des années. Les propositions qui en ont découlé ont par la suite été présentées dans la

---

1. *Changer d'ère*, Jacques Robin, Le Seuil, 1989.
2. *La Méthode*, Edgar Morin, *tomes 1 à 6 - La méthode 6, l'éthique de la complexité*, Le Seuil, 2004.
3. *L'économique et le vivant*, René Passet, Economica, 1996, 1re éd., Payot, 1979.
4. *Le macroscope*, Joël de Rosnay, Le Seuil, 1975.
5. *La nouvelle grille*, Henri Laborit, Robert Laffont, 1974.

© Éditions d'Organisation

revue *Transversales Science Culture*. Elles ont inspiré nombre de nos contemporains qui, à leur tour, contribuent à nourrir la réflexion et l'action.

Les thèmes qui émergent aujourd'hui du cheminement de cette **pensée vivante** sont ceux que l'humanité devra aborder avec lucidité et sérénité si elle souhaite se donner les moyens de poursuivre l'aventure de la vie dans le respect et la dignité : mutation informationnelle, développement humain durable, modèles apprenants sociaux, économiques et politiques, bioéthique et manipulation du vivant, partage des richesses, droits et devoirs des citoyens du monde, gouvernance planétaire, biens communs de l'humanité, la question du sens et de la référence...

C'est dans ce contexte et au sein de ce réseau qu'est né le projet **Interactions Transformation Personnelle-Transformation Sociale** en 2001 ; qui a donné naissance, en 2002, à l'association du même nom, animée par un collectif. Le projet a pris peu à peu son autonomie et affirme progressivement son identité. Il réunit des personnes partageant la conviction qu'une transformation sociale, collective, ne peut réussir et s'ancrer que si elle s'accompagne d'une transformation personnelle. Ce projet souhaite apporter sa pierre à l'indispensable réforme culturelle que nous devons engager.

© Éditions d'Organisation

Le texte fondateur du projet Interactions TP-TS

Nous sommes nombreux à souhaiter que notre monde évolue vers plus de justice et d'humanité, dans le respect des différences culturelles qui font sa richesse.

Mais nous pouvons constater qu'à ce jour, la grande majorité des projets de réforme ont buté sur le fait :

— soit qu'ils se fondaient sur le pari du changement des sociétés par la seule vertu de structures nouvelles, et souvent en les imposant de façon autoritaire aux individus pour leur plus grand bien présumé ;

— soit qu'ils visaient la seule transformation individuelle sans tenir compte de la dimension collective et sociétale ;

— soit que les comportements individuels, notamment ceux des « visionnaires » et « missionnaires », n'étaient pas cohérents avec ce qu'ils prônaient pour les autres.

Sur la base de ce constat, nous faisons l'hypothèse qu'il est indispensable de :

— favoriser les interactions transformatrices positives entre les personnes et les sociétés ;

— faire l'effort de nous transformer individuellement en traduisant ces transformations dans nos actes ;

© Éditions d'Organisation

– y être encouragés par l'organisation et le fonctionnement des collectifs et des sociétés dans lesquelles nous intervenons et vivons.

Ce souhait, ce constat et cette hypothèse ont donné naissance au projet Interactions TP-TS.

Les objectifs du projet

Le projet Interactions TP-TS a pour objectifs de :

– **mettre en relation** des personnes et des groupes souhaitant s'exprimer à travers de nouvelles formes d'organisation et d'échange, plus solidaires et coopératives ;

– dans cette optique, **favoriser la mise en évidence et l'expérimentation de pratiques innovantes**, tant au niveau local, national, qu'international ;

– **produire des réflexions, études et analyses** s'appuyant à la fois sur des approches théoriques, des pratiques et des parcours de vie, et donnant lieu à des publications et à d'autres actions de médiatisation ;

– **émettre** à partir de là **des propositions** sociétales, citoyennes, et démocratiques de nature à enrichir les réflexions ainsi que le débat public dans le domaine social, économique, politique, institutionnel, et culturel.

Différents chantiers de réflexion, d'action ou d'expérimentation ont été ouverts sur les thèmes de l'école (en partenariat avec la *Revue de Psychologie de la Motivation*

© Éditions d'Organisation

dirigée par Armen Tarpinian), les valeurs émergentes, l'écologie, les mouvements civiques, associatifs et alternatifs (particulièrement autour des notions du débat et de l'exercice du pouvoir), de la diffusion auprès du grand public des outils et méthodes visant à développer et renforcer la coopération et la coévolution au sein des groupes et des réseaux.

Parmi les réalisations et travaux en cours

- Interventions / conférences à l'occasion de différents séminaires ou événements : Forum social mondial de Porto Alègre, Réseau éthique et pédagogie, Réseau PEKEA : pour une économie solidaire…

- Préparation d'**un ouvrage sur l'école et la dynamique TP-TS**, bilan des travaux du groupe Éducation TP-TS.

- Différents autres ouvrages en préparation ayant pour tonalités : **récits de vie, paroles de vie, paroles de femmes.** Un livre blanc sur le thème « Se transformer », recueil et synthèses de ce que signifie pour nous, citoyens, ce processus et sa finalité sociétale.

- Lancement depuis plus d'un an des **Cafés Coopé.** Mensuellement, les Cafés Coopé réunissent dans un café des citoyens souhaitant échanger et partager sur les thèmes de la coopération, la solidarité… Les débats sont précédés de temps d'expérimentations et de jeux conformément à l'une des convictions des acteurs du projet :

© Éditions d'Organisation

aujourd'hui, l'enjeu n'est plus de disserter sur les grandes idées que sont le partage, la solidarité... mais de les expérimenter pour ressentir en soi, de manière authentique, quels en sont très concrètement les limites et les plaisirs associés... pour ensuite agir individuellement et collectivement « autrement ».

– Séminaire **Reconnexions** : une journée qui propose un parcours à la rencontre du monde, des autres et de soi. L'occasion de mieux prendre conscience de nos interdépendances, de notre responsabilité individuelle et de la place du « sens » dans l'évolution des dynamiques collectives.

– Différents ateliers sont actuellement en phase de lancement comme « Les tables de la coopération » et « Les ateliers du doute ».

– **Projet d'une manifestation publique** mariant des approches intellectuelles (politiques, économiques, sociales...), émotionnelles, artistiques et ludiques sur le thème « Que voulons-nous, individuellement et collectivement, pour notre vie ? ».

© Éditions d'Organisation

Troisième partie

Sur le terrain : y croire et s'entraîner

Préalable : Comprendre ne suffit pas

« ... Dans cette réunion, le phénoménologique, l'expérimental, l'existentiel, l'individuel, l'inconscient, le privé, le strictement personnel, voilà ce qui nous intéresse, mais je sens nettement que nous essayons d'en parler dans une atmosphère et un cadre intellectuels anciens, tout à fait impropres. {...}

Nos revues, nos livres et nos conférences conviennent avant tout pour communiquer et discuter ce qui est rationnel, abstrait, logique, impersonnel, général, répétable, objectif et non émotionnel. {...} Il en résulte que nous, les thérapeutes et observateurs de la personnalité, sommes encore obligés, par coutume académique, de parler de nos propres expériences et de celles de nos consultants comme s'il s'agissait de bactéries, de la lune ou de rats blancs, ce qui suppose le clivage sujet-objet, le détachement, la distanciation, et la non-implication {...} ce qui suppose enfin que toute observation, pensée, expression et communication se fasse dans la « froideur » et jamais dans la « chaleur » car la connaissance ne saurait être que contaminée ou déformée par l'émotion, etc.

En un mot, nous continuons d'utiliser les règles et les procédés traditionnels de la science impersonnelle pour notre science de la personne, mais je suis convaincu que cela ne continuera pas. »[1]

Ces propos d'Abraham H. Maslow, chercheur et psychologue américain, reflètent les intentions qui nous ont

---

1. *Vers une psychologie de l'être*, Abraham H. Maslow, Fayard, 1972, page 247. Il s'est intéressé à la question suivante : « Qu'ont de particulier les êtres humains « qui vont bien » ?» ; une vulgarisation trop simplificatrice de sa théorie des besoins (La pyramide de Maslow) pourrait masquer la richesse de ses apports.

© Éditions d'Organisation

conduits à développer cette troisième partie. Pour cet auteur, parler de l'autre, décrire un processus comportemental, ne peut faire l'économie de parler de soi et de l'interaction qui unit « soi » à « l'autre ». Avec le recul intellectuel nécessaire à toute communication structurée. Mais également en y intégrant les dimensions émotionnelles, relationnelles… de celui qui agit comme de celui qui observe, tous deux étant intégrés dans le même système.

Nous partageons cette vision systémique et globale. Ainsi, selon nous, se faire les promoteurs de la pensée complexe, parler de l'organisation apprenante, tenter d'expliquer « pourquoi » et « comment » jouer collectif… ne peut pas passer uniquement par la description de situations et de processus en éclairant leur degré plus ou moins fort d'apprenance. Nous ne sommes pas des spectateurs détachés qui verraient se dérouler « la partie » d'une position extérieure ou « d'en haut ». Promouvoir ces approches, c'est au contraire affirmer que nous sommes, chacun, pris « dans » le jeu collectif et que nous jouons « avec » les autres ; c'est faire entrer dans le champ de la réflexion managériale et organisationnelle, aux côtés de la théorie et venant l'enrichir, l'expérimentation vécue dont on a tiré les enseignements ; c'est prendre en compte l'impact de nos personnalités, attitudes, comportements, représentations, doutes, attentes, désirs, espoirs… ; c'est avoir conscience que c'est dans cet espace qui échappe à la seule raison que

© Éditions d'Organisation

se trouvent principalement nos difficultés à « faire collectif ensemble », mais que se trouvent également nos gisements d'innovation et de créativité ; c'est affirmer que cette réalité immatérielle et parfois irrationnelle conditionne la dynamique d'ensemble et l'évolution d'un groupe, qui elle-même influe sur ses résultats, notamment ses résultats économiques, pour le meilleur ou pour le pire. C'est donner une place réelle aux sciences humaines aux côtés des sciences économiques et de gestion, c'est donner sa place à l'intelligence émotionnelle et relationnelle aux côtés de la définition classiquement réductrice que nous avons de l'intelligence (rationalité, analyse, abstraction, savoirs…).

Il n'est pas vrai qu'il suffit d'avoir compris comment nous pourrions fonctionner « autrement » pour réellement fonctionner « autrement » : **comprendre ne suffit pas**. Les transformations auxquelles nous sommes invités ne peuvent pas se faire en dehors de nous : elles passent par nous. Parce que nous faisons partie intégrante du système à transformer (l'entreprise, l'association, la collectivité, l'institution, la société…), ces transformations nous impliquent en tant qu'élément à part entière, elles impliquent chacun en tant que personne, et ce, dans toutes nos dimensions, que nous le voulions ou non. Si elles peuvent se comprendre, elles doivent se vivre avant tout. Appréhender la complexité de notre environnement, c'est appréhender notre propre complexité.

© Éditions d'Organisation

Réussir le passage de la complication (vision mécaniste et hiérarchique des organisations et des comportements) à la complexité (fonctionnement en accord avec les dynamiques de la vie) a donc un prix : celui d'effectuer nous-même, individuellement, cette mutation dans nos manières de penser, d'agir et d'être. Cette mutation entraîne des remises en question personnelles. Elle nous invite à réaliser des ajustements mutuels permanents les uns avec les autres, à nous confronter à la subjectivité et la singularité de l'autre et de nous-même, à toucher du doigt l'angoissante diversité de la nature humaine, à l'accepter et à la vivre comme une source de richesse. Une belle invitation ! Mais la partie n'est pas gagnée. C'est dans notre difficulté à faire évoluer nos comportements et notre regard sur nous-même, les autres et les situations que se trouve une très grande partie de ce que l'on nomme « les résistances et freins au changement ».

Nombreux évidemment sont ceux qui ont déjà compris cela et qui, après avoir décidé de sauter avec plaisir dans le monde de la nouveauté et de l'expérimentation, mettent au quotidien leurs actions en cohérence avec leur pensée complexe, écologique ou holistique. Les formations en management organisées par les entreprises et les actions de coaching, tout comme les chemins personnels de curiosité et de quête de compréhension et de sens, suivis par les uns et les autres, ont contribué à favoriser ce type de posture. Ce qui a d'ailleurs fait dire à certains, dans notre groupe de

© Éditions d'Organisation

travail : « *Il n'est pas nécessaire d'insister autant dans nos propos sur l'indispensable nécessité de dépasser la pensée linéaire et cartésienne qui a donné naissance aux hiérarchies et aux comportements de pouvoir associés. On connaît ce discours. Nous n'en sommes déjà plus là. On a dépassé le management taylorien, on en est au management par objectifs, au travail en mode projet, à l'animation de réseaux. La question n'est pas celle du passage de l'ancien au nouveau modèle, mais celle de proposer à tous une nouvelle dynamique : l'apprenance réciproque. Elle ne peut que s'appuyer sur une interaction positive, productrice de valeur ajoutée qualitative et quantitative, entre la personne et le collectif.* »[1]

De fait, aujourd'hui, toutes les visions de ce que doit être, ou pourrait être, le fonctionnement d'une organisation humaine et la place de la personne dans ce fonctionnement se côtoient. On trouve encore des dirigeants certains de tenir la vérité et qui se réjouissent (consciemment ou inconsciemment) de leur pouvoir **sur** les autres ; tout comme on rencontre des leaders qui ont totalement intégré que le pouvoir ne peut actuellement être entendu que comme la capacité de pouvoir créer, construire, avancer **avec** et **par** les autres.

Dans cette diversité de réalités, notre propos est bien de dire qu'il est aujourd'hui salutaire pour toute organisation, tout comme pour l'environnement dans lequel elle est

---

1. Propos notamment soutenus dans le groupe par François-Noël Tissot.

© Éditions d'Organisation

plongée, et pour les acteurs (tout à la fois acteurs économiques, sociaux, citoyens) de placer au cœur de leur fonctionnement la dynamique « apprenance individuelle-apprenance collective », la spirale « transformation personnelle-transformation collective ». Cette mise en mouvement particulière peut se comprendre, se modéliser, s'expliquer, se schématiser, se présenter sur un esthétique document *power point*. Mais cela ne servira à rien et sera stérile si seul notre mental est en action et si cette dynamique n'est pas aussi vécue. Car il ne s'agit plus de lire un livre, mais d'écrire ensemble le livre. Il ne s'agit plus de « penser complexe », mais « d'agir complexe ». Nous voilà interpellés par la phrase du poète : « *Oh, toi qui marches, il n'y a pas de chemin, le chemin se trace en marchant.* »[1] Pendant que les réseaux continuent de se substituer à nos pyramides, nous avons à écrire le récit de nos histoires collectives[2]. La page à tourner est une page blanche. À nous d'oser la suite, d'oser dans la nouveauté. Un lâcher-prise qui peut apparaître à la fois stimulant et… inquiétant. Le risque de rester sur place en s'accrochant avec force aux anciens repères existe bel et bien.

Revenons donc à ce qui a motivé l'écriture de cette partie du livre et à la question : « Comment, dans un écrit à tonalité forcément intellectuelle, retranscrire cette nécessité de

---

1. Antonio Machado.
2. Nous devons cette idée du récit appliqué à l'entreprise et aux équipes à Pierre Leclair, invité au sein du groupe Entreprise TP-TS sur le thème du débat dans l'entreprise.

© Éditions d'Organisation

passer par la dimension vécue, cette dimension qui a à voir avec le comportement des êtres humains en situation sociale, qui ne se décode pas à la lumière des sciences comptables et de gestion, mais à celle des sciences humaines ? »

> *« Il me semble assez clair maintenant que la révolution scientifique que certains d'entre nous sont en train de préparer devra aussi s'étendre aux modes de la communication intellectuelle. Il faut rendre explicite ce qui est implicite, à savoir que {…} nous sommes habituellement profondément impliqués, et que nous devons l'être, si nous ne voulons pas que notre travail soit truqué. »[1]*

Validant cette proposition, nous avons décidé, en réponse à notre question ci-dessus, de relater l'expérience du groupe Entreprise créé au sein du projet Interactions Transformation Personnelle-Transformation Sociale. Non pas comme une référence absolue mais comme un exemple, parmi d'autres, d'une expérience apprenante et d'une tentative de jeu collectif.

À travers notre retour d'expérience, en apportant des précisions sur le contexte dans lequel elle s'inscrit, via les échanges qui ont animé nos rencontres (voir plus loin les « morceaux choisis ») et au regard du « casting » qui reflète la variété des profils, compétences et angles d'approche des participants, les pages qui suivent tentent

---

1. *Vers une psychologie de l'être*, Abraham H. Maslow, *op. cit.*

© Éditions d'Organisation

de faire apparaître les satisfactions tout comme les aléas rencontrés, ainsi que nos efforts pour composer « avec » et « dans » notre diversité.

Nous souhaitons que le lecteur, ayant suivi nos pas et nous ayant rejoints, trouve là de quoi alimenter sa réflexion et l'envie de la faire partager et grandir. Nous aurons à ce moment-là joué ensemble au jeu de l'intelligence et de l'apprenance collectives. Très précisément, cette partie présentera un intérêt si vous vous dites, au terme de la lecture : « *Somme toute, moi aussi j'ai quelque chose à dire sur le sujet, moi aussi je peux apporter ma pierre (et je le fais déjà) à la théorie de l'organisation apprenante, de l'intelligence collective, du jeu coopératif… et les concrétiser dans la réalité, sur le terrain.* »

Dans le cadre de ce projet, le groupe Entreprise, animé par Hervé Sérieyx, s'est réuni au cours des années 2002, 2003 et début 2004. Son travail aboutit, comme un point d'étape, à la réalisation de cet ouvrage… Flash back !

Les objectifs : ambition et optimisme

La première séance de travail du groupe a eu lieu en mars 2002. Tout en nous laissant du temps pour définir avec précision l'objectif de production qui, nous semblait-il, émergerait au fil des réunions, nous avons fait sur ce thème

© Éditions d'Organisation

que sont les objectifs un premier tour de table. En voici la synthèse. Elle témoigne de nos intentions premières, de nos ambitions, et de notre optimisme… réaliste (tout au moins le pensons-nous)…

– **Identifier et mettre en évidence les caractéristiques des organisations anthropogènes et des organisations anthropophages.** Décrire ces organisations en utilisant des exemples pour rester proches de la réalité.

– Progresser dans la réponse aux questions : **comment mener dans une ambiance de guerre des aventures pour des hommes et des femmes de paix ?** Comment « fabriquer » des animateurs, des passeurs, des coordinateurs ? Comment entretenir une culture de la vie plutôt que de la mécanique ? Comment peut-on, dans cette logique, réformer le système de sélection, de formation, et de préparation des élites ? Réaliser une interpellation publique forte sous l'angle éducatif et politique.

– La thématique de départ « Interactions Transformation Personnelle-Transformation Sociale » doit plutôt s'exprimer en trois termes : « Transformation Personnelle – Transformation Collective – Transformation Sociétale. » **Faire de l'entreprise le pilote de la réconciliation des trois niveaux personnel, collectif, sociétal.** Préciser quelle est la route à suivre pour devenir socialement et

© Éditions d'Organisation

environnementalement responsable, ce qui passe évidemment par des personnes responsables.

– Nous ne savons pas estimer la coopération, l'évaluer et la reconnaître. Or, un bon manager dans une organisation apprenante est un manager qui coopère. **Réfléchir au système d'évaluation de la coopération.** Intégrer également dans cette réflexion la notion d'évaluation des compétences collectives.

– **Créer progressivement un collectif** autour des idées proposées et développées.

Après cet élan d'enthousiasme et d'énergie du départ, il fallait avancer, mettre en évidence les bénéfices que représente la dynamique TP-TS pour nos entreprises, institutions et organisations, dynamique qui peut tout particulièrement s'exprimer dans le cadre d'une organisation apprenante, organisation qui elle-même témoigne de tout son intérêt dans un environnement complexe !!! Dynamique TP-TS, organisation apprenante et complexité : comment allions-nous nous sortir de cet enchevêtrement d'idées et d'intuitions pour parvenir à un résultat tangible ? Car si certains d'entre nous apprécient tout particulièrement, pour reprendre l'expression d'Annie Batlle, *« de faire la sieste au milieu des concepts »* cela n'était pas suffisant pour atteindre nos objectifs et satisfaire nos intentions initiales.

© Éditions d'Organisation

Nous avons fait le choix de consacrer nos premières réunions à enrichir nos éléments de réflexion, à sortir de notre cercle pour intégrer ce qui se faisait ailleurs. Sélectionnant des thèmes d'actualité, nous avons ainsi découvert, ou redécouvert pour certains d'entre nous : l'organisation apprenante, le débat dans l'entreprise, le coaching, le développement durable et la responsabilité sociétale de l'entreprise, l'éthique et la déontologie, la flexibilité réciproque entreprise / collaborateur, l'université d'entreprise[1].

Les interventions, présentées par un expert du thème traité, étaient toujours suivies, ou entrecoupées, d'un débat. Une, deux, trois… Les réunions se sont enchaînées. Nous apprenions à mieux nous connaître et à nous positionner les uns par rapport aux autres. Mais qu'allions-nous faire de cette matière, certes concrète, mais néanmoins intellectuelle et éparse ? Réactivation de l'une de nos idées de départ, la réponse est venue spontanément : un livre ! Un livre d'accord, mais comment ? Entre la sélection du fond (les idées), de la forme (le style, et que de visions différentes !), et du « qui allait faire quoi ? », nous nous mettions en situation d'effectuer de nouveaux sauts d'obstacles. L'ampleur de la tâche nous a découragés, presque au point d'abandonner… Avec du recul, la dynamique de notre expérience, ainsi que les enseignements qu'elle nous a permis de mettre en évidence, nous semblent extrapolables (sous réserve de contextualisation) à tout type d'expérience apprenante, à toute tentative de jeu collectif.

---

1. Si c'était à refaire, nous consacrerions en amont de ces réunions davantage de temps à identifier nos propres richesses et compétences internes afin de mettre en lumière, d'entrée de jeu, notre socle collectif de compétences et d'expériences. Avec le recul, ce travail nous semble faire partie de la création des fondations d'un groupe apprenant.

© Éditions d'Organisation

Retours d'expérience...

Apprendre à jouer collectif ! Notre expérience ressemble un peu à un voyage en mer ! Une mer calme et ensoleillée au début avec une ligne d'horizon clairement dessinée et perceptible, ou qu'il est possible d'imaginer comme telle. Puis le vent se lève ; il s'agit seulement de tendre quelques cordages. Tout se calme à nouveau. Mais c'est alors qu'une menace de tempête survient. Des signes avant-coureurs la précédaient. La tempête : houle, instabilité, perte du sens... On peut l'anticiper, parfois l'éviter, ou encore la contourner. Mais peut-être aussi faudra-t-il l'affronter, et même sera-t-il préférable de l'affronter. Aucun autre chemin possible.

Il existe trois conditions pour que le bateau ne coule pas et les coéquipiers avec, y compris le capitaine :

- la première, c'est de « garder le cap », quelle que soit la force du grain et du vent car après la pluie vient toujours le soleil, et qu'entre-temps on aura forcément avancé.

- la seconde est liée aux raisons pour lesquelles nous sommes montés, chacun, dans ce bateau. Il est indispensable qu'elles se rejoignent, une grande partie tout au moins. Ce sont les valeurs communes. En l'occurrence pour nous, celles qui président à l'écriture de cet ouvrage et que l'on peut lire textuellement ou en filigrane. Celles qui ont donné naissance au projet Interactions TP-TS :

© Éditions d'Organisation

125

partage, coopération et solidarité, dans le mariage de la sensibilité et de la raison. Raison économique y compris, bien évidemment.

— la troisième, c'est de faire preuve de persévérance particulièrement en période houleuse ou plus solitaire.

Et il y a peut-être même une quatrième condition : quelque chose de l'ordre de la foi… en l'être humain.

De fait, force nous est de constater que nous avons veillé à devenir de plus en plus apprenants, motivés par l'idée d'avancer, volontaires : au fil du voyage, l'impatience s'est modérée au profit de l'écoute, la confrontation des convictions a donné naissance à des idées nouvelles. Celles et ceux de l'entreprise ont pu s'enrichir des regards et opinions des plus alternatifs, plus réalistes que certains n'auraient pu le croire ; les acteurs du monde des associations ont eu l'occasion de revoir certaines de leurs idées reçues en s'apercevant qu'il y a dans l'entreprise des hommes et des femmes de bonne volonté préoccupés de l'intérêt collectif (même parmi les dirigeants) et qui convenaient que tout n'est pas qu'orienté vers le profit financier de court terme ou récupéré dans des modes et courants managériaux au service de ce même profit. S'agissant de notre organisation, elle s'est, elle aussi, assouplie progressivement : à nos réunions mensuelles s'est peu à peu substitué un travail en réseau. Nos principaux alliés dans cette progression : certainement l'enthousiasme et la convivialité qui ont caractérisé nos

© Éditions d'Organisation

rencontres et échanges. Un climat qui nous a permis de partager nos expériences, nos colères, nos lectures, nos déceptions et aussi nos rêves.

Conjuguer la diversité des attentes et des points de vue n'est ceci dit pas chose facile. Si plaisir il y a eu, l'aboutissement de cet ouvrage ne s'est pas fait sans difficulté. Particulièrement lorsque, après la période excitante des débats conceptuels et des projets, nous avons décidé de passer à l'action : en l'occurrence témoigner de nos travaux sous la forme d'un livre. **Confrontés à l'épreuve de la vérité de la production, nous avons dû remettre sur le tapis, comme toute entreprise, nos fondamentaux : c'est à ce moment que se sont révélées réellement les différences entre les uns et les autres.** En particulier entre ceux qui souhaitaient privilégier l'épanouissement personnel et ceux qui insistaient sur la nécessité de développer un discours politique orienté sur la contribution à la collectivité et l'évolution de nos modes d'organisation. Nous avons tenté de ne pas évacuer ces tensions mais de les transformer en désaccords féconds. Cet ouvrage en est le résultat.

Nous sommes tous conscients qu'il est plus facile de gérer des relations de maître « sachant » à élèves « ignorants » que d'apprendre les uns des autres, et les uns avec les autres. C'est cet état d'esprit que nous avons à faire évoluer jusqu'à ce que l'apprenance réciproque devienne un processus

© Éditions d'Organisation

naturel que nous aurons totalement intégré, et jusqu'à ce que nous témoignions avec simplicité de cette intégration dans nos relations et nos comportements quotidiens.

Une condition de réussite : l'esprit voyageur

L'esprit voyageur : c'est ainsi que l'on nomme l'une des causes de la déperdition d'information lorsque deux personnes communiquent entre elles. Un mot, une idée, un son provenant de l'émetteur et celui qui écoute n'est déjà plus là... son esprit voyage... soucis, inquiétude parfois... incompréhension ou impossibilité d'associer l'idée proposée à du connu (elle devient alors déconnectée, électron libre)... mais aussi nouvelles idées, imagination, créations mentales.... À ce stade de la visite dans les coulisses de notre expérience apprenante, nous vous proposons de jouer à « l'esprit voyageur » et de nous promener dans un monde imaginaire : celui des possibles proposés par la relation de coopération.

L'organisation apprenante, alimentée par la dynamique TP-TS, appliquée à l'entreprise ou à tout autre collectif, favorise et développe les comportements, attitudes et relations de coopération, de coévolution, d'émulation. Non seulement elle ne peut s'en abstraire, mais elle en fait la promotion et crée un contexte favorisant leur multiplication.

© Éditions d'Organisation

Qu'implique la relation de coopération et en quoi s'écarte-t-elle des relations de compétition ? Pour répondre à cette question, nous proposons deux approches[1]. La première s'appuie sur les travaux de Robert Axelrod, chercheur en sciences politiques à l'université du Michigan, auteur de *Comment réussir dans un monde d'égoïstes ?*[2]. La seconde sur ceux de James Carse[3], auteur de *Jeux finis, Jeux infinis,* dont Colette Rebecca Estin, chercheuse et spécialiste de la coopération, se fait l'écho.

Pour celles et ceux des lecteurs qui ne la connaîtraient pas, précisons que l'expérience de Robert Axelrod est la suivante : l'auteur a proposé à des spécialistes de la théorie des jeux, un tournoi pour lequel chaque participant a rédigé un programme informatique se présentant comme l'incarnation d'une règle permettant de choisir entre la coopération et la non-coopération à chaque coup. Quatorze programmes concurrents se sont confrontés comme *Mouche du coche* qui cherche systématiquement à exploiter l'autre, *Tartuffe* qui cherche à établir un rapport mutuellement profitable avec l'autre joueur puis essaie prudemment de voir s'il peut l'exploiter mine de rien, *Un œil pour deux yeux*

---

1. … de manière très résumée, renvoyant les lecteurs intéressés aux ouvrages auxquels nous nous référons.
2. *Comment réussir dans un monde d'égoïstes ?*, Robert Axelrod, Odile Jacob, Parution précédente en 1992 sous le titre *Donnant donnant, la stratégie du comportement coopératif,* traduction de *Evolution of Cooperation* chez Basic Books, 1984.
3. *Jeux finis, jeux infinis, le pari métaphysique du joueur,* James P. Carse, traduit de l'anglais par Guy Petitdemange avec la collaboration de Pierre Sempé, Le Seuil, 1988.

© Éditions d'Organisation

qui ne fait cavalier seul que si l'autre a fait de même aux deux coups précédents… C'est *Donnant / Donnant*, conçu par Anatol Rapoport de l'université de Toronto, qui a remporté le tournoi. Ce programme, le plus simple de tous, commence par coopérer (confiance *a priori*) puis fait ce que l'autre joueur a fait au coup précédent (réactivité), enfin coopère à nouveau (cohérence dans le choix de la stratégie). « *Ce qui explique la réussite de Donnant / Donnant, c'est son mélange de bienveillance, de susceptibilité* [réactivité], *d'indulgence et de transparence. Sa bienveillance l'empêche de s'empêtrer dans des problèmes inutiles. Sa susceptibilité décourage l'autre camp à s'obstiner à faire cavalier seul. Son indulgence contribue à restaurer la coopération mutuelle. Et sa transparence la rend intelligible à l'autre joueur, suscitant ainsi la coopération sur le long terme* » précise l'auteur. Ce dernier arrive à la conclusion que la relation de coopération est le seul type de relations offrant une garantie de survie et de développement pour les collectifs et les personnes. Mais cette relation ne peut se maintenir que si :

– chacun a conscience de la conséquence future de ses actes présents et adapte son action au regard du caractère positif ou négatif de cette conséquence (ce que certains nomment « l'écologie de l'action »). Cette conscience n'étant pas aujourd'hui généralisée, l'auteur propose d'augmenter « *l'ombre projetée par le futur sur le présent* » (vision de long terme) ;

© Éditions d'Organisation

- les critères d'attribution des gains sont clairement explicités et prennent en compte les effets de l'action positifs ou négatifs sur le moyen terme (règles claires, connues et respectées) ;
- une conscience collective s'est développée amenant chacun d'entre nous à nous soucier les uns des autres, et à accroître la confiance réciproque, l'empathie et l'altérité (développement des capacités relationnelles) ;
- chacun connaît les règles de la réciprocité et les bénéfices de la relation *Donnant / Donnant* (sensibilisation / formation aux bénéfices de la réciprocité).

La coopération n'est pas un dérivé de gentillesse passive

L'expérience a montré que la réactivité est essentielle : sanctionner immédiatement et clairement « les hors-jeu » en arbitre impartial au regard des règles communes est une condition indispensable au développement de la stratégie de coopération. Et l'expérience montre que plus nous jouerons, individuellement, le jeu de la coopération, plus celle-ci se développera… même si nous ne le voyons pas dans l'immédiat compte tenu du faible champ de vision que nous avons sur l'ensemble du système. L'inconvénient du *Donnant / Donnant* reste que cette stratégie ne gagne que sur le moyen et long terme. À court terme, elle se fait avaler

© Éditions d'Organisation

par les appétits individualistes des « courtermistes ». Elle est donc avant tout un jeu collectif dans la durée[1].

C'est au jeu infini que nous convie l'organisation apprenante

Il existe une autre approche. Elle rejoint la précédente tout en ouvrant sur des horizons plus vastes, tout au moins dans l'imaginaire : *« Selon James Carse, historien des religions, il existe deux sortes de jeux qui s'expriment dans l'ensemble des comportements humains aussi bien que dans les « jeux de société » : le jeu fini et le jeu infini. Si le jeu fini (fait pour gagner) aboutit à l'exclusion, la négation de l'autre, le jeu infini (fait pour jouer) suppose et favorise l'inclusion. Il est par essence à la charnière de la transformation personnelle et de la transformation sociale. Sur le plan social, l'exemple type du jeu fini, c'est la guerre ; celui du jeu infini, c'est le réseau d'échange de savoirs. Il est de plus en plus évident que le jeu fini, surtout pratiqué à outrance comme il l'est actuellement, mène à une impasse planétaire. Et pourtant, même si son discours fracassant reste dominant, la voix ténue et subtile du jeu infini gagne chaque jour en clarté et en puissance de conviction : c'est elle qui sous-tend les argumentations écologiques, la renaissance des aspirations humanistes et spirituelles, les nouvelles formes émergentes de solidarité sociale et économique. »*[2]

---

1. Une autre étude, conduite par C. Wedekind et M. Milinski de l'université de Berne, et décrite dans la revue *Science*, a testé l'idée de réciprocité indirecte mise scientifiquement en évidence il y a deux ans (le principe est de ne pas donner à la personne qui nous a « donné » mais à une tierce personne). Les résultats montrent que ceux qui sont les plus généreux amassent le plus gros magot : car nous nous montrons généreux envers ceux qui semblent être généreux envers les autres.
2. D'après Colette-Rebecca Estin, qui participe au projet Interactions TP-TS et anime un groupe de recherche autour de cette notion.

© Éditions d'Organisation

Un peu comme si nos potentiels d'intelligence et de créativité encore non dévoilés, et à faire naître par la dynamique des interactions entre les personnes et nos collectifs (équipes, entreprises, réseaux), étaient eux-mêmes illimités. Serait-ce vrai ? L'avenir nous le dira en constatant les choix organisationnels pour lesquels nous aurons opté et la manière dont nous aurons su les faire évoluer. Voilà en tout cas une porte de sortie possible de la plainte ; cette plainte dans laquelle nous pourrions nous enliser et qui est alimentée par la croyance que la rareté et la défense guerrière de « son » territoire sont des fatalités inébranlables. Il est temps de changer de croyance. Nous devrions même trouver du plaisir dans cette expérience. C'est en tout cas ce que nous disent les scientifiques ; **la coopération adoucit les mœurs et nous rend « contents »** : « *C'est en étudiant l'activité neurale chez des jeunes femmes en train de jouer au Dilemme du prisonnier, classique jeu de laboratoire dans lequel les joueurs peuvent sélectionner différentes stratégies égoïstes ou coopératives, que les chercheurs ont fait cette découverte : au moment où les femmes optent pour l'entraide plutôt que pour la défense de leurs intérêts, le circuit mental qui se réjouit habituellement de récompenses se met en marche. Et plus les femmes s'engagent dans des stratégies de collaboration, plus le plaisir cérébral est activé... Voilà donc une nouvelle façon d'explorer une énigme plutôt ancienne : pourquoi sommes-nous si gentils ? Pourquoi les êtres humains sont-ils aptes à collaborer avec des personnes qu'ils connaissent à peine, à poser de bonnes actions, et à être bons joueurs si souvent sans tricher ?... L'étude, qui s'est déroulée à l'université*

© Éditions d'Organisation

133

Emory à Atlanta, a été effectuée auprès de groupes de femmes avec des techniques d'imagerie par résonance magnétique pour ainsi faire « des portraits d'un cerveau content »… »[1]

Depuis la parution de cet article, cette expérience a certainement dû être réalisée sur un groupe d'hommes… avec, gageons-le, le même type de résultats. Alors, s'il s'agissait seulement de jouer « autrement » ?…

Mais reprenons nos esprits ! Et reprenons-les d'ailleurs d'autant plus et mieux que c'est bien sur ce terrain-là que se jouera le jeu de l'intelligence collective. Faire le choix de l'organisation apprenante, de la dynamique TP-TS, de la pensée complexe, de la coopération est une question d'état d'esprit. Nous avons cité Einstein en début de cet ouvrage. Ajoutons à ses propos celui-ci : « *Aucun problème ne peut être résolu sans changer l'état d'esprit qui l'a engendré* » ; et complétons-les de ceux d'Edgar Morin : « *Aujourd'hui, la bataille se mène sur le terrain de l'esprit. Le problème de la réforme de la pensée, c'est-à-dire de la réforme de l'esprit, est devenu vital.* »[2] André Gorz quant à lui s'interroge : « *Qui mènera la nécessaire bataille de l'esprit ?* »[3]

---

1. Extrait d'un article paru dans le journal québécois *Actuel*, août 2002. (Étude publiée en été 2002 dans la revue *Neuron*.)
2. *L'humanité de l'humanité*, Edgar Morin, Le Seuil, 2001.
3. André Gorz, *L'immatériel*, Galilée, 2003.

© Éditions d'Organisation

En réponse à cette dernière question, soulignons que nombreux sont aujourd'hui celles et ceux qui ont déjà commencé à engager cette bataille : elles et ils œuvrent à la construction de modes d'organisation et de lieux de vie plus coopératifs, plus apprenants[1]. S'agissant de l'entreprise, nous avons illustré ces tentatives dans la première partie[2]. Le projet Interactions TP-TS qui vise essentiellement à relier des personnes et collectifs sur l'idée de l'intérêt de la dynamique Transformation Personnelle-Transformation Sociale, pour créer à partir de là un espace de paroles, d'échanges, d'idées et de propositions dans les champs culturel, économique, institutionnel, et éducatif, en est un exemple parmi d'autres.

---

1. Citons parmi d'autres :
   – le *Réseau d'échanges réciproques de savoirs*, créé par Claire Héber-Suffrin, réseau basé sur le principe que chacun sait quelque chose et peut l'apprendre aux autres. Voir le dernier ouvrage collectif *Échanger des savoirs à l'école ; abécédaire pour la réflexion et l'action*, Chronique sociale, 2004.
   – le travail effectué par Armen Tarpinian, directeur de la *Revue de Psychologie de la Motivation*, qui se fait l'écho depuis sa création de la nécessité de se former, dès l'école, à la *psychique* tout comme nous nous formons à comprendre les lois de la physique. Site : http://psychomotivation.free.fr
   – l'initiative récente de la création de *L'observatoire de la résilience*, initié par Jacques Lecomte (*Guérir de son enfance*, Odile Jacob, 2004), observatoire qui se donne notamment pour objectif de recenser les dynamiques et faits positifs. Site : http://www.observatoire-résilience.org/

2. Il en existe en France bien d'autres : les réseaux APM (Progrès Pour le Management), le CJDES, le CJD... Soulignons également l'ouvrage d'Olivier Zara, « *Le management de l'intelligence collective* », M2 Éditions, 2004 et le site Wiki de Jean-François Noubel, www.TheTransitioner.org

© Éditions d'Organisation

Plus que des règles, des principes dynamiques

« Toute assemblée doit s'auto-examiner elle-même : où en sommes-nous ? Pourquoi ne nous comprenons-nous pas sur ce point ? Qui sommes-nous et que faisons-nous ? Cela doit être systématisé. Tout mouvement [y compris l'entreprise] *doit surmonter à chaque instant le péril de la désintégration par sectarisme. C'est l'aventure de la vie. C'est l'auto-régénération du mouvement par lui-même. »* [1]

Par souci de cohérence avec son objet, pour prévenir ou réguler d'éventuels blocages ou dérives relationnelles, pour commencer à agir « autrement », le projet Interactions Transformation Personnelle-Transformation Sociale s'est doté d'une *« charte » de fonctionnement relationnel* inspirée par les principes dynamiques de la pensée complexe. Cette « charte » [2] a pour objectif d'apprécier le caractère démocratique et la qualité des relations entre les personnes, entre les groupes de personnes au sein du projet (que nous nommons « chantiers »), et entre le projet et son environnement. Elle reflète le **processus expérimental** dans lequel nous engage le projet. À ce titre, il est bien entendu qu'elle est évolutive et doit faire l'objet d'adaptations au fur et à mesure de la vie du projet et de son avancement. Recommandation est faite à chaque animateur de chantiers (pilote) de permettre au groupe de se l'approprier et d'apprendre à l'utiliser le plus

---

1. Extrait d'une entrevue parue dans la revue *Transversales Science Culture*, décembre 2001.
2. Le mot « charte » n'est peut-être pas le meilleur pour nommer cet outil qui s'apparente davantage lui-même à un processus, ou alors cela sous-entend qu'une charte n'est jamais figée.

© Éditions d'Organisation

systématiquement possible. Une évaluation générale est envisagée périodiquement au niveau du projet global.

Il est évident que l'utilisation d'un tel outil prend du temps, le temps de « l'humain », du relationnel, de l'expression de chacun, de l'écoute, du décodage en commun, de l'appréciation de la qualité des liens. Cette qualité étant un gage de pérennité et une garantie de maintien du sens que nous donnons à l'action, nous tentons de placer son utilisation au cœur de nos modes de fonctionnement. Dans une logique d'auto-régénération comme le souligne Edgar Morin, ou, autrement dit, parce qu'en environnement complexe, « le fond » est aussi important que « la forme », « la manière de s'y prendre ensemble » est aussi importante que « ce que nous faisons ensemble ». L'outil de départ, tel que nous l'avions conçu initialement en 2001, est le suivant[1] :

---

1. Au titre d'exemple d'adaptation : Béatrice Quasnik a proposé, pour le groupe Entreprise, l'adaptation suivante : « *Au stade où nous sommes parvenus, quelle note donnez-vous, et quel commentaire souhaitez-vous ajouter ? Les notes peuvent être 1, 2, 3 ou 4, dans un ordre de satisfaction croissante :*
   – vous vous sentez accepté(-e) et reconnu(-e) dans le groupe ?
   – vous vous exprimez spontanément et vous vous sentez écouté-(e), vos contributions sont prises en compte ?
   – vous tirez bénéfice du travail réalisé en commun ?
   – vous avez su quoi faire pour rétablir un esprit d'égalité quand des rivalités ou des tentatives pour prendre le pouvoir sont apparues ?
   – vous avez eu la possibilité de vous exprimer quand vous ne partagiez pas l'avis général, confiant dans le fait que le groupe saurait tirer parti des désaccords et dépasser les conflits ?
   – vous avez eu l'impression d'explorer des idées et des processus inhabituels et prometteurs ?
   – vous considérez que le groupe a su s'auto-évaluer au fur et à mesure pour garder le cap ?
   – il y a eu suffisamment d'esprit d'ouverture et de mises en contact avec l'extérieur ?
   – vous avez une idée assez claire de ce que vous allez faire avec Interactions TP-TS dans les vingt-quatre mois qui viennent ?
   – vos commentaires… »

© Éditions d'Organisation

Fondements théoriques, valeurs	Effets et processus à évaluer
Le principe d'humanité : tout être humain a droit à la dignité et à la reconnaissance	Chaque membre se sent-il reconnu dans le groupe ?
La construction de l'autonomie	Chacun bénéficie-t-il, à titre individuel, du travail réalisé en commun ?
La démocratie : par « tous » et pour « tous » ; la valorisation des différences	Comment les membres du groupe intègrent-ils les « autres », « les forcément différents », « les marginaux » ?
La théorie du pouvoir de captation et du pouvoir de création	Comment le groupe traite-t-il, en interne, les problèmes de pouvoir ?
La pensée complexe et l'organisation apprenante	Comment le groupe développe-t-il l'esprit critique de ses membres et favorise-t-il la production d'intelligence collective ?
La coopération et la solidarité	Comment le groupe déjoue-t-il la logique de guerre ?
La culture du débat et la démocratie plurielle : la solution naît de la pluralité des points de vue	Le groupe sait-il rendre, entre ses membres, les désaccords féconds ?
L'innovation sociale et la créativité	Comment le groupe se met-il en capacité d'inventer au lieu de répéter ?
Le modèle du réseau	Le groupe reste-t-il ouvert aux autres groupes ?

© Éditions d'Organisation

(suite)

Fondements théoriques, valeurs	Effets et processus à évaluer
La responsabilité sur le long terme : la durabilité	Le groupe garde-t-il le sens de son projet ?
L'évaluation : discussion démocratique sur les valeurs et leur traduction	Comment le groupe évalue-t-il son action au regard de son objectif ?

Nous n'avons pas encore systématisé et optimisé l'utilisation de cette « charte » ; nous en sommes au stade où nous apprenons à la faire vivre. Il faut bien commencer ! En guise d'illustration, voici un témoignage vécu raconté sous la forme d'une chronique. Il ne concerne pas le groupe Entreprise mais le chantier Éducation. Il n'en reste pas moins révélateur des bénéfices que peut s'offrir un groupe lorsqu'il « s'auto-questionne »...

PETITE CHRONIQUE D'UN MOMENT DE TRAVAIL GROUPE ÉDUCATION TP-TS

Nous sommes dans la salle où se déroulent d'habitude les réunions de notre groupe. C'est au collège Le Haut Mesnil à Montrouge. Le café sent bon... une assiette de fruits passe de main en main...

L'ordre du jour vient d'être noté au *paper board* quand soudain la situation dérape... Dérapage en douceur... Juste une petite

© Éditions d'Organisation

question qui n'était pas prévue, dite dans un soupir : « Mais quel est le sens de notre travail… ? »

Et la petite question est si prégnante que tout le monde s'en empare, qu'on oublie un moment l'ordre du jour annoncé… La parole circule vive, fluide, constructive…

Certains s'interrogent sur ce que le groupe a déjà réalisé, sur l'aboutissement prochain du livre en chantier, sur les incertitudes qui demeurent. D'autres analysent la géométrie variable qui a prévalu, à ce jour, dans le fonctionnement de notre groupe. Tout cela se transforme en schéma au *paper board* pour une prise de conscience.

Certains de nos travaux ont été réalisés en mobilisant des énergies lointaines (la Suisse, Montpellier, Lille, Le Puy-de-Dôme…). Mais on constate par ailleurs que la plupart de nos rencontres réunissent surtout les Parisiens proches les uns des autres. Et quel dommage que certaines interventions extérieures n'aient pas été proposées à un public plus vaste que la vingtaine de personnes que nous rassemblons… ! Et puis, notre projet de livre arrive à son terme… Sur quoi le groupe va-t-il se mobiliser après… ? Quelle orientation allons-nous donner au projet à venir ? En quels termes nous avions-nous formulé les objectifs du projet initial… ? Quelles évolutions se dessinent… ? Comment renforcer notre légitimité pour parler de l'école ? Comment, à l'avenir, rester concrets et mieux inscrire notre travail dans le projet global TP-TS ?

Ce dont il s'agit et qui nous passionne, c'est bien la question de la renaissance du groupe Éducation à partir de 2005…

© Éditions d'Organisation

Mais l'heure n'est pas aux décisions, la réflexion reste ouverte…
Il faut peut-être, pour aujourd'hui, en revenir à l'ordre du jour
tel que nous l'avions prévu…

À l'issue de notre réunion, comme nous le faisons depuis
quelque temps, nous interrogeons son fonctionnement à la
lumière de la charte TP-TS. Avoir *« capacité d'inventer au lieu de
répéter »*… Rester *« ouverts aux autres groupes »*… Garder *« le sens
de son projet »*… Aujourd'hui, nous avons confusément l'impression de ne pas avoir été trop mauvais…

Au cœur de la dynamique TP-TS

*« Apprendre est un processus complexe, souvent conflictuel, qui
suppose de bousculer les conceptions ancrées dans nos têtes. »*[1]

Plonger dans la coopération et jouer collectif, faire le pari
de l'apprenance, opter pour une dynamique de coévolution
n'est pas évident. Même lorsque nous pensons nous en être
libérés, nous restons conditionnés par une ancienne culture
qui a tenté de tout ranger, cloisonner, évaluer, mesurer,
normer, juger, définir ce qui est bien et ce qui est mal.
Nous avons pris l'habitude de nous assurer contre le
moindre risque. Ces schémas sont inscrits dans nos structures neuronales, mentales, émotionnelles. À notre insu, ils
peuvent resurgir dès qu'un doute survient. La peur peut

© Éditions d'Organisation

---

1. *Apprendre*, André Giordan, Belin, 1998.

nous conduire à nous replier. Finies alors l'écoute de l'autre, l'attention, la curiosité, la recherche d'innovation.

Passer de nos anciennes habitudes à des attitudes apprenantes, être et rester conscient des interactions qui existent entre le champ personnel et le champ collectif : c'est en soi un apprentissage. Nous pouvons tous le constater chaque jour dans notre quotidien professionnel, social, familial, associatif... L'intention et la compréhension sont une première étape. La décision de changer, de modifier, est la suivante, elle est le point de bascule. Quant à la réalisation, elle est dans les faits autrement plus complexe. Nous avons intérêt à nous entraider dans cette phase de transition, de passage à l'acte.

Concrètement, cela peut se traduire par un partage des pratiques coopératives, par oser dire que l'on ne sait pas et demander conseil, par apprendre à construire en commun en gardant tous à l'esprit que nous sommes en train d'apprendre. Cela veut dire aussi :

– témoigner de plus de **simplicité** et de respect dans nos relations les uns avec les autres ;

– **reconnaître la part émotionnelle et subjective constitutive de nous-même** et de nos relations interindividuelles, et la prendre en compte dans l'analyse de nos fonctionnements collectifs ;

© Éditions d'Organisation

- **avoir conscience que notre rationalité**, que nous défendons souvent avec force, prend naissance aussi sur le terrain de notre subconscient par essence inconscient : notre rationalité **est donc très relative** ;

- **revoir notre rapport à** « l'objectif » car en environnement complexe, rappelons-le, la manière dont nous construisons ensemble est aussi importante que ce que nous faisons ensemble ; là se trouvent la création et l'optimisation de notre capital immatériel et relationnel, gage de bonne santé et de développement des collectifs et des sociétés ;

- **revoir notre rapport au temps** car le temps de la relation, de la création de confiance et de la coopération n'est pas celui de la production, par extension de l'économique (qui tend à nous imposer aujourd'hui, à l'échelle planétaire, celui de l'instantanéité, de l'immédiateté, de l'éphémère) ;

- nous réapproprier et **donner vie aux valeurs** souvent qualifiées de « féminines », sans pour autant être le privilège exclusif des femmes : la sensibilité, la créativité, la solidarité…

Ce changement nous concerne tous. Qui commence ? « *À cette question je réponds « moi », moi là où je suis, où je travaille, avec mes équipes, mes collaborateurs, mes collègues, sans illusion ni mégalomanie, ni fausse modestie non plus.* »[1] C'est de ces changements

---

1. *Libérez vos énergies*, Béatrice Quasnik, First, 1994.

© Éditions d'Organisation

individuels en interaction que pourront naître les transformations de nature à nous permettre de fonctionner « autrement ». Sur cette nouvelle base, l'organisation apprenante reste à inventer, en nous enrichissant des expériences de celles et ceux qui ont pris un temps d'avance. Comme l'a suggéré Ivan Maltcheff lors de nos échanges, à l'inverse d'une organisation figée, elle doit être pensée comme **une éthique en action, conjugaison simultanée de quatre ingrédients : les impératifs du court terme et les enjeux du long terme, la transformation personnelle et la transformation collective.**

Entre « développement durable » et « recherche de toujours plus de profit », à l'heure où l'argent se présente comme la valeur suprême à laquelle toutes les autres sont soumises, comment mettre cette éthique en action, comment lever les contradictions, comment se donner le temps de la création de nouveauté, de la production de capital relationnel et social ? C'est évident, **nous avons besoin d'entreprises et d'organisations saines et en développement, développement corrélé à celui de leur environnement.** Elles ne le seront que si elles permettent aussi le développement de celles et ceux qui lui donnent vie, et si elles s'appliquent à démultiplier les interactions fécondes à tous les niveaux. Sommes-nous prêts à réellement oser cette aventure ? Le souhaitons-nous ? Le voulons-nous ?

© Éditions d'Organisation

Une observation rapide des tendances actuelles pourrait alimenter notre scepticisme. Ainsi en est-il de la crise de confiance de la part des managers à l'égard de leur entreprise qui a été identifiée ces dernières années. Cette crise prend en grande partie naissance dans la vague des plans sociaux qui n'ont fait de cadeaux qu'à peu d'entreprises et peu de salariés, cadres compris. Elle vient également de ce sentiment d'absurdité face aux changements qui se cumulent, s'accélèrent et se contredisent de plus en plus fréquemment. Perte toujours plus grande de sens, renforcement de l'individualisme et écart grandissant entre le discours et les pratiques, écart qui conduit à parler de plus en plus souvent, dans les couloirs de nos entreprises, de l'hypocrisie du système, parfois même de schizophrénie (au regard de l'injonction : « coopérer en interne » mais « faites la guerre en externe » car le marché est forcément hyper-concurrentiel !). Nous nous éloignons là de l'angélisme des théories livresques. Parallèlement, l'évolution culturelle actuelle est marquée par la recherche d'une plus grande qualité de vie et d'un meilleur équilibre entre nos différentes activités (familiale, professionnelle, sociale, culturelle...). Reflet très concret de cette évolution ; les attentes des plus jeunes qui ne souhaitent plus gagner leur vie en la perdant à travailler dans des organisations incapables de produire du sens et incapables de leur permettre d'apprendre. Tout cela alors que nous nous trouvons, fait unique dans l'histoire de l'humanité, au seuil de l'ère de

© Éditions d'Organisation

l'information[1]. Nous y avons même fait nos premiers pas : capacités démultipliées de production grâce à de nouvelles technologies (et avec moins d'énergie humaine et donc moins de « personnel ») ; possibilité donnée par les technologies de nous organiser en réseaux, de créer des sociétés en réseaux, ce qui nous amène, de fait, à revoir nos pratiques en matière d'exercice du pouvoir et d'administration ; développement de communautés d'intérêt se développant le plus souvent sur le mode de la coopération (comme pour la création de logiciels libres)... Demain sera radicalement différent d'hier, et certainement d'aujourd'hui. Mais en quoi ? Si nous désirons garder la maîtrise de notre trajet, il nous appartient de prendre conscience des mutations en cours et de décider, en « *conscience, connaissance et imagination* »[2] des orientations que nous souhaitons prendre pour le futur, de la manière dont nous voulons inventer l'avenir.

Cumulant actuellement en son sein nombre de paradoxes, l'entreprise, sans être parfaite, n'est pas la seule responsable des incohérences, ou de ce qui est vécu comme tel par les collaborateurs. Compte tenu de l'univers (financier) qui est

---

1. Notre entrée dans l'ère de l'information est une nouvelle donne, un phénomène unique dans l'histoire de l'humanité. Cette mutation majeure, et qui en appelle à une prise de conscience individuelle et collective radicale au risque d'être dépassés par les conséquences de nos actes inconséquents et ce à l'échelle planétaire (en matière écologique, économique, sanitaire, culturelle, sociale...) est notamment traitée par Jacques Robin (fondateur du *groupe des Dix* et de *Transversales Science Culture*, auteur de *Changer d'ère, op. cit.*).
2. Expression du biologiste Henri Laborit.

© Éditions d'Organisation

le sien, elle fait ce qu'elle peut et les dirigeants, patrons et managers naviguent souvent à vue.

En arrière-plan de ces évolutions, causes, risques et opportunités se profile selon nous **la question de la finalité de nos systèmes économiques et des valeurs qu'ils privilégient.** Se placer au cœur de la dynamique TP-TS nous met ainsi face à un questionnement de fond sur cette finalité : celui du sens que nous voulons donner à notre vie et de ce que nous souhaitons mettre au premier plan : la bourse ou la vie ? La question devient alors : que voulons-nous faire, individuellement et collectivement, de notre vie ? C'est ainsi sur le terrain du sens qu'*in fine* nous conduit la réflexion sur la pensée complexe « en action » et l'intelligence collective. À ce stade, confrontés à cette question charnière à la fois sociétale, économique, culturelle, politique et anthropologique, nous rejoignons Patrick Viveret lorsqu'il affirme : « *La vraie valeur, au sens étymologique du terme, c'est celle qui donne force de vie aux humains. Encore faut-il que l'humanité cesse de dévaloriser sa propre condition et cesse de chercher cette valeur introuvable dans des machines ou des signes monétaires. Ce que nous apprennent la mutation informationnelle et les nouvelles frontières de la connaissance et du vivant, c'est que la vraie richesse, demain plus encore qu'hier, sera celle de l'intelligence du cœur.* » [1]

---

1. Patrick Viveret, économiste et philosophe, conseiller référendaire à la Cour des comptes, auteur du rapport «Reconsidérer la richesse» - *Reconsidérer la richesse*, Éditions de l'Aube Nord, 2004.

© Éditions d'Organisation

Entrer dans le débat

Voici une situation que vous avez peut-être déjà rencontrée : une idée que vous avez proposée à votre équipe ou à votre manager[1], que vous avez peut-être même martelée, ne parvient pas à être entendue. Puis quelqu'un arrive et, tout naturellement, expose son idée... la même que la vôtre, celle que vous ne parveniez pas à faire passer ! Et là, stupéfaction, l'équipe (ou votre manager) la trouve géniale, innovante, incontournable... Tout se passe comme s'il était à présent l'heure de l'appropriation et de l'intégration par le groupe de l'idée en question. Désagréable ! C'est cela aussi l'organisation apprenante : savoir faire le deuil de la paternité d'une idée, donner à un(e) autre la possibilité de l'exprimer à sa manière et accepter sans frustration qu'elle soit enfin entendue, parce que le groupe est plus mature, parce que l'émetteur est perçu comme plus compétent sur le sujet, parce qu'il est plus charismatique, plus clair et plus simple aussi... ou pour tout un tas d'autres raisons qui relèvent de l'alchimie relationnelle, communicationnelle et sémantique. Une forme de lâcher-prise. Un travail sur l'ego. Et c'est cela aussi un des bénéfices du débat.

---

1. Ou en famille, avec des amis, au sein d'une association...

© Éditions d'Organisation

Deux remarques sur le débat :

– « **parler** » **prend du temps.**[1] La parole n'est pas du même ordre que la synthèse écrite, travaillée dans un souci de clarté. C'est certainement pour cela que, comme le soulignait l'un de nos invités, Pierre Leclair, le débat a si mauvaise presse dans l'entreprise : il prend du temps et on ne sait pas à l'avance où l'on va aboutir. De ce fait, il est vu comme non productif et non rentable, comme du temps perdu. Les spécialistes de l'apprentissage nous disent, de leur côté, que le dialogue, l'échange, le débat sont le meilleur moyen de s'approprier de nouvelles idées, d'en créer, et de faire évoluer nos représentations. Celles-la mêmes qui sous-tendent notre perception du réel, nos arbitrages et choix d'actions. L'organisation apprenante exige l'évolution de nos représentations. En tant que groupe tentant d'être apprenant, nous devions donc « passer par la parole », prendre ce temps. Ce dernier, ainsi que les valeurs dont le caractère fédérateur a déjà été évoqué, sont deux ingrédients indispensables de l'apprenance (des ingrédients immatériels, tout comme le capital auquel ils donnent naissance).

---

1. « Temps » qu'il faut donc ajouter à celui utilisé par la mise en pratique de la charte relationnelle (ou de son équivalent). C'est bien notre rapport au temps qu'il nous faut donc revoir si l'on veut véritablement faire « autrement ». Jusqu'à ce que nous parvenions à nouveau à en dégager, tel le pianiste devenu virtuose et qui n'a plus besoin de passer du temps à faire ses gammes. Et qui peut se consacrer à l'interprétation ou encore à la création, voire à l'improvisation.

© Éditions d'Organisation

– **il faut oser entrer dans le débat**. Ce n'est pas toujours facile. Parce que l'animateur (le manager) ou la culture ambiante ne le permettent pas, explicitement ou implicitement (l'interdit plane…) ; parce qu'on s'autocensure soi-même, doutant de l'intérêt de ses idées, de leur pertinence, de leur intelligence… Pourtant, oser entrer dans le débat est la condition à la mise en évidence de notre diversité, diversité de laquelle pourront naître, si elle est reconnue et respectée, la confrontation, l'apprentissage et l'innovation.

Au sein du groupe Entreprise, les échanges ont fait ressortir la diversité des profils des participants, de leurs préoccupations, leurs références, leur histoire, leurs modes de fonctionnement. Tout cela se traduisant par des préférences :

– tendance à analyser les situations par une approche théorique ou résolument pratique ;

– préférence pour l'expertise scientifique et rigoureuse… ou pour la créativité jusqu'à parfois la débrider ;

– tendance à éclairer, dans la dynamique TP-TS, davantage l'aspect de la transformation personnelle que celui de la transformation collective et sociale, ou inversement ;

– préférence pour des choix conventionnels ou hors normes…

© Éditions d'Organisation

Notre travail collectif et les enseignements que nous en avons retirés

Il faut, dans cette diversité, continuer de faire « unité » et avancer :

— tout en affirmant chacun notre identité (ce n'est pas facile dans un groupe même s'il prône l'apprenance) ;

— tout en traitant les désaccords et en en dégageant les intérêts et de nouvelles idées (nous n'y sommes pas toujours parvenus) ;

— tout en nous ouvrant à l'environnement, à d'autres, pour ne pas stériliser notre pensée ;

— tout en calmant nos passions ou emportements individuels naissants en leur privilégiant une attitude d'écoute (on dit aussi « ronger son frein » en langage courant) ;

— et en faisant entre nous circuler les idées pour nous enrichir mutuellement.

En d'autres termes, notre travail a consisté à conjuguer les principes de la complexité appliqués à l'organisation apprenante. Le plus difficile certainement : maintenir la cohésion. C'est toute l'histoire du bateau par gros temps…

Nous avons extrait de nos échanges et débats des « morceaux choisis ». Ils se présentent comme un ensemble de pièces associées entre elles au gré des réactions et pensées développées par les uns et les autres dans le groupe. Écoutez plutôt…

© Éditions d'Organisation

Morceaux choisis des réunions du groupe Entreprise TP-TS

☞ Nous avions à cœur de trouver le moyen de donner à voir aux lecteurs des extraits d'échanges que nous avons eus afin de leur dire comment fonctionne notre groupe dans ses accords, ses désaccords… Voir en action notre manière de travailler, voir les tensions, les origines différentes… Il ne s'agit pas de se donner en exemple, mais de monter l'arrière-salle. Ces échanges pourront être poursuivis sur le site d'Interactions TP-TS.

LE POINT DE DÉPART DE LA RÉFLEXION

La *corporate governance* et le développement durable : deux dynamiques de sens contraires

☞ La corporate *governance* et le développement durable sont deux dynamiques de sens contraires. L'une répond à une logique économique, l'autre à une logique écologique. Or les responsables d'entreprise doivent gérer les deux, ce qui est impossible avec les modèles classiques de nos entreprises, organisations et institutions. Notre propos est bien de leur dire : « *Vous avez une réponse dans l'organisation apprenante, pour peu que vous l'acceptiez.* »

☞ Mais un des arguments de ceux qui défendent l'approche de la *corporate gouvernence*, du profit avant tout, est de dire : puisqu'on développe l'activisme actionnarial, l'actionnariat se diversifie et s'ouvre à de nouveaux porteurs. Dans les

© Éditions d'Organisation

assemblées générales, tous les actionnaires peuvent s'exprimer y compris sur la demande sociale qui pénètre ainsi dans l'entreprise et peut permettre d'infléchir certaines décisions.

☞ Les nouveaux textes ont accrû le droit des minoritaires (10 %) effectivement. Mais le cœur de tout cela est bien de redonner le pouvoir au conseil d'administration qui continue de tenir les rênes. Cela n'est vrai, certes, que pour les entreprises cotées en Bourse. Mais comme celles-ci font travailler la totalité des PME / PMI qui constituent le tissu économique de notre pays, les attitudes et décisions capitalistes de ces grandes sociétés, par effet de boule de neige, viennent transformer la façon dont fonctionnent tous les sous-traitants et les fournisseurs. Cette force de la *corporate governance* se transmet à tout le tissu entrepreneurial. Elle est mortifère.

L'ORGANISATION APPRENANTE, QU'EST-CE QUE C'EST ?

Apprendre : une histoire de coresponsabilité

☞ Très peu d'entreprises ont une organisation apprenante. C'est pour cela que tant de plans sociaux tournent mal. Trop d'entreprises fabriquent des drames humains.

☞ Oui mais est-ce que certaines personnes n'ont pas accepté de s'autodétruire ? Lorsqu'on est licencié après plusieurs dizaines d'années de bons et loyaux services, il est légitime

© Éditions d'Organisation

de se sentir abattu, incapable d'imaginer son avenir et incapable de réagir. Ce qui m'interroge cependant, c'est le
regard que l'on porte sur sa vie. Dans ce type de crise, il
serait possible aussi de dire : « *J'ai travaillé pendant trente ans
dans une entreprise qui ferme certes, mais via laquelle j'ai réussi à
avoir une maison, des enfants, apprendre à utiliser de nouvelles
technologies, j'ai suivi la vie de mon époque…* » « Comment je
me raconte l'histoire », c'est à mon avis là aussi qu'on est
dans la responsabilité et la transformation personnelles.

☞ Mais les organisations qui nous transforment en machines
sont trop nombreuses aujourd'hui. Nous ne devons pas
l'accepter. Ces entreprises anthropophages désapprennent
même la liberté du regard. Une organisation qui met
l'apprentissage au cœur de son fonctionnement permet de
développer cette liberté de regard. Toutes les institutions
aujourd'hui fabriquent de la monotonie. Et lorsque vous
entrez à quatorze ans chez « X » et que vous y faites
toujours la même chose dans un même univers, pendant des
années, vous entrez dans une fabrique à décerveler.

Compétence ou apprentissage ?

☞ Aujourd'hui, l'entreprise vit dans l'idéologie de la compétence et pas de l'apprentissage. Les managers ont à évaluer et
développer les compétences. L'équation actuelle est simple :
on recrute des compétences et on supprime des emplois.
C'est là que se focalise l'énergie. Je n'entends pas fréquemment parler de cette posture qui voudrait que l'organisation
soit une structure d'apprentissage…

© Éditions d'Organisation

☞ La compétence, c'est bien. Mais c'est un moyen, pas une fin en soi. Ce qu'il faut mettre en avant, c'est la capacité d'apprentissage.

Transformation personnelle et risque d'instrumentalisation : vigilance !

☞ Nous devons être prudents et plus précis lorsque nous parlons de transformation personnelle. La problématique serait pour moi la suivante : « Transformation personnelle, oui, mais au risque de son instrumentation. » Je prends un exemple : sur un support d'entretien d'évaluation annuel, on peut lire au critère « esprit d'équipe » : niveau 1 / coopère sur demande ; niveau 2 / échange des informations ; niveau 3 / cherche à développer la coopération ; niveau 4 / s'attache à développer la coopération… À ce rythme, le niveau 6 devrait être dans la fusion totale. Cela devient risible. J'aimerais que le thème qui est le nôtre aborde aussi le sujet sous cet angle.

☞ Mais lorsque nous parlons de transformation personnelle c'est aussi l'idée, en caricaturant, de répondre à la question : comment transforme-t-on un « tueur » en un vecteur d'organisation apprenante ?

Ne réinventons pas la roue...

☞ Je voudrais rappeler que l'organisation apprenante est un thème étudié depuis de nombreuses années et qui donne lieu à des expérimentations concrètes pour lesquelles nous

© Éditions d'Organisation

disposons déjà d'un retour d'expérience. Je pense notamment aux travaux de Mandfred Mack et du réseau SOL...

☞ Oui, bien sûr. Sachant que nous partons, nous, de la grille de l'organisation apprenante proposée par Hervé (Sérieyx) et qui s'appuie sur les principes de la complexité, et sur la dynamique TP-TS (Transformation Personnelle-Transformation Sociale) à laquelle elle nous renvoie. C'est dans le lien entre l'approche par la complexité et par la dynamique TP-TS que peut se situer la valeur ajoutée de nos réflexions... non ?

☞ Évidemment. Et cette grille, avec ses principes[1], est très riche. Mais peut-être un peu intellectuelle, difficile d'accès... même si je suis convaincue de sa pertinence.

☞ Je voudrais proposer un schéma qui s'est dessiné dans mon esprit en vous écoutant. Il me semble synthétiser notre discussion et propose peut-être un modèle d'organisation apprenante plus facilement accessible... Alors je dessine deux axes, l'un met en opposition la *corporate governance* et le développement durable, l'autre la transformation personnelle et la transformation collective ou sociale...

---

1. Pour mémoire : *le principe d'auto-organisation* (inséparable de l'autonomie), *le principe hologrammatique* (partager la vision), *le principe de la diversité requise* (se réjouir des différences et les confronter), *le principe de la coévolution créatrice* (aucun système ne peut durablement se développer dans un environnement dégradé), *le principe dialogique* (rendre les désaccords féconds), et *le principe de récursivité positive* (grandir en faisant grandir « les autres »).

© Éditions d'Organisation

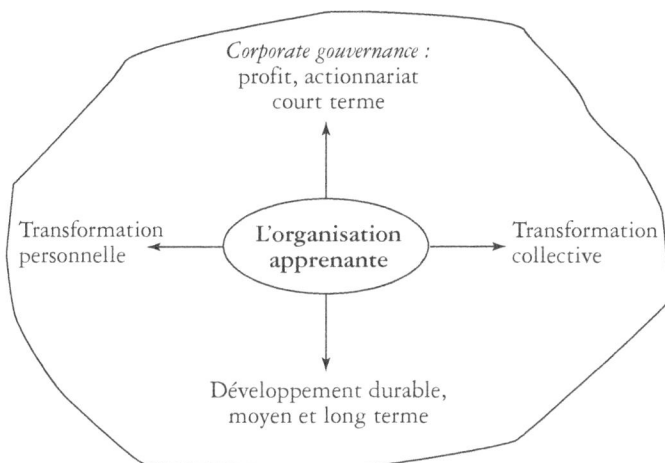

Corporate gouvernance :
profit, actionnariat
court terme

Transformation
personnelle

L'organisation apprenante

Transformation
collective

Développement durable,
moyen et long terme

Au centre, l'organisation apprenante doit permettre de concilier, conjuguer les contradictions, les tensions. Elle est en dynamique et en mouvement permanents au risque sinon de tendre
dangereusement vers un seul des quatre cadrans. Elle concilie
l'économique et l'écologique, le personnel et le collectif, en
réalisant sans arrêt des ajustements…

« Stop au gâchis ! »

☞ Une manière d'aborder le sujet de l'organisation apprenante et de la dynamique TP-TS est aussi de s'interroger
sur : comment l'individualisme forcené est source de
gâchis au niveau collectif, tout comme l'est le
« collectivisme » forcené au mépris des individus ? Or
chacun s'enrichit dans l'ouverture aux autres, et la collectivité s'enrichit de l'autonomie et de la contribution des

© Éditions d'Organisation

individus. C'est certainement cela que nous avons plus qu'à comprendre, à intégrer dans nos pratiques individuelles et collectives.

QUI EST CONCERNÉ PAR L'ORGANISATION APPRENANTE ? JE, TU, ILS, NOUS...

Qui commence ?

☞ Mais qui peut prendre l'initiative de transformer une organisation ordinaire en une organisation apprenante, et lutter ainsi contre le gâchis ? sa direction ? à quel niveau ? ses employés ? seront-ils écoutés ? ses cadres ? oseront-ils ?

Edgar Morin, « père » de la pensée complexe comme vous le savez, et inspirateur de la grille à laquelle nous nous référons, souligne fréquemment que : « *Seuls les esprits réformés peuvent composer une réforme qui, elle-même, permettra de former toujours plus d'esprits réformés.* » La question étant : qui va commencer à réformer ? Quels seront les premiers esprits réformés, au sens d'Edgar Morin, c'est-à-dire « *ceux qui travailleront à bien penser* » en vue d'engager les réformes indispensables, en premier lieu justement celle de la pensée ? Je pense que nous devons insister sur le fait que la réponse est : « moi. »

Au sujet des jeunes, des genres, de l'âge... une histoire d'évolution culturelle

☞ La majorité des entreprises dissolvent les liens collectifs, elles font jouer le « moi » contre « les autres » au lieu

© Éditions d'Organisation

d'activer les interactions. Elles génèrent de l'individualisme. C'est un des propos de mon texte intitulé « Et moi ? » qui traite du rapport entre « je » et « nous ».

☞ S'agissant du « nous », les patrons d'entreprises vont devoir prendre en compte l'évolution culturelle en cours et les attentes des jeunes notamment. Michel Maffesoli souligne par exemple que les jeunes ont un individualisme tribal. « Moi », mais pas tout seul. « Moi » dans mon réseau, ma tribu. C'est vrai selon lui tant pour les jeunes des « rave parties », que des technoparades, que des JMJ. Bien qu'ils soient tous différents, ils recherchent avant tout la tribu et pouvoir vivre le « on est tous ensemble ».

☞ *Vous êtes croyants ?...*

☞ *Non, mais on est tous ensemble !*
La cause qui rassemble est moins importante que le fait d'être rassemblés. Et on peut aller jusqu'à créer des causes pour être ensemble... C'est la recherche du lien qui prime.

☞ La recherche du lien et, je rajouterai, de la qualité de vie. Les jeunes ne demandent plus en premier combien ils vont gagner mais quel est le climat interne, l'ambiance, quelles sont les relations interindividuelles dans l'entreprise. C'est une évolution qui influe sur l'organisation.

☞ On ne peut pas faire l'économie de l'âge et ne pas parler du hiatus entre les jeunes générations et les anciens en poste qui commettent presque tous l'erreur de croire que les jeunes sont « nous en moins vieux ». Cela n'a rien à voir !

© Éditions d'Organisation

159

☞ Ces propos m'interpellent. Mais dans les entreprises, ce ne sont pas (encore !) les jeunes qui sont porteurs du modèle dominant. Ce sont plutôt des personnes de notre génération qui le portent, ou des plus jeunes.

☞ C'est la génération des 35 / 45 qui va gérer l'évolution.

☞ L'histoire du « je » nous ramène à un autre « je / nous » : le masculin et le féminin. Si on parle groupe, collectivité, transformation personnelle, il y a dans certaines entreprises des regroupements de managers femmes qui « font corps » contre des managers masculins. Sans entrer dans un discours dit « nouveau féminisme », il y a peut-être quelque chose à traiter autour de la place de la femme en tant que groupe qui se développe, et qui peut aussi apprendre des choses différentes.

☞ On ne peut pas faire l'économie du « genre ».

☞ Et on ne peut pas faire non plus l'économie de « l'âge ».

☞ C'est donc aussi une question de genre et d'âge.

Du côté des citations...

☞ « *Le passé est un pays étranger, les gens s'y comportent de façon fort différente.* » Je n'ai plus le nom de l'auteur qui est britannique.

☞ Dans le registre des citations, il y a aussi : « *L'avenir m'intéresse car c'est l'endroit où j'ai l'intention de passer le reste de mes jours.* » Woody Allen.

© Éditions d'Organisation

☞ Et : « *La réalité a cela de bon qu'on peut y manger un steack.* » Woody Allen.

☞ Une autre citation que j'ai entendue il y a quelques jours : « *Être dans le vent, c'est une ambition de feuille morte.* » Elle est de Jean Guitton.

SORTIR DES GRILLES DE LECTURE, EN INVENTER D'AUTRES

L'organisation apprenante : une éthique en action... ou l'éthique de l'action

☞ J'ai repensé au schéma que je vous ai présenté lors de notre précédente réunion. Je crois qu'on peut, par cette représentation, certes conceptuelle, évoquer le thème de l'éthique. Je vous explique mon approche : à chaque cadran correspond une certaine éthique qui correspond à quatre finalités, orientations. L'organisation apprenante se doit de concilier ces différentes orientations. Il n'y a donc pas « une » éthique mais une conjugaison permanente d'approches éthiques... que j'ai nommées pour l'instant, c'est à retravailler : l'hédonisme, le productivisme, le politique, et la sagesse. Un mouvement constant qui m'amène à associer « l'organisation apprenante » et « l'éthique de l'action ».

© Éditions d'Organisation

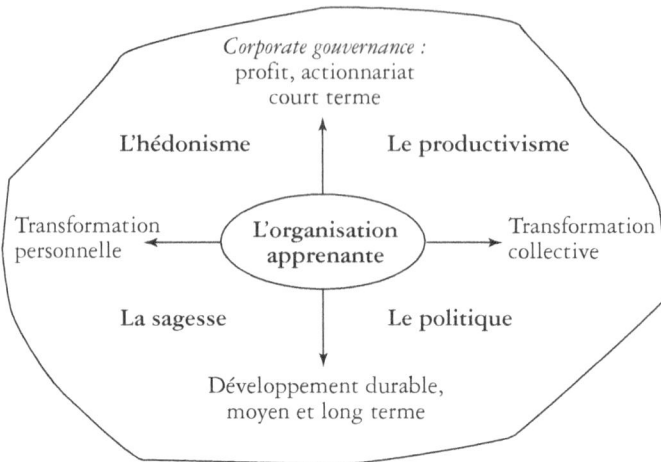

☞ Cette représentation met notre réflexion en dynamique. À présent, nous ne parlons plus d'éthique, d'une seule et même éthique pour tous, mais de « champs éthiques ». Certains peuvent être plus ou moins polarisants ; on sort de ce mot « éthique » qui est piégeant car il nous oblige à nous battre sur ce qu'est « la bonne éthique » ; il nous fait retomber dans la dualité, le bien ou le mal. Or, il n'y a pas une bonne éthique. On voit qu'il peut exister dans l'entreprise des comportements et des besoins, à la fois individuels et collectifs, totalement différents et tous aussi légitimes les uns que les autres. L'organisation apprenante doit permettre ce mariage complexe qui nous fait sortir de la dualité.

☞ On pourrait dire que le moteur d'une entreprise apprenante serait la conjugaison du court terme et du long terme, et dans le même temps de l'enrichissement individuel et collectif. Tout cela étant une éthique en soi.

© Éditions d'Organisation

162

☞ Oui. Une recherche de l'équilibre. C'est selon moi le seul moyen d'intégrer la diversité en restant cohérent.

☞ Notez que l'on a là des « gros mots » pour l'entreprise : hédonisme, politique, sagesse, connaissance de soi…*(rires)*

PROPOSITION POUR OUVRIR NOTRE CADRE DE RÉFÉRENCE

Dépasser la logique « gagnant / gagnant » pour entrer dans celle de la « différence »

☞ Dans le texte que je vous ai adressé, *Le beurre et l'argent du beurre*, je tente de trouver des réponses à une inquiétude : l'instrumentalisation par l'entreprise de tout ce qu'on lui présente. Cela rejoint tout ce qu'a pu dire Gilles (Alexandre) sur le fait que l'entreprise a tendance à tout vouloir évaluer, adore l'éthique car c'est un outil de marketing, etc… mais qu'elle a tout de même tendance à vider de leur substance les belles idées. Je me suis posée la question suivante : l'organisation apprenante revue à la lumière de la dynamique Transformation Personnelle-Transformation Sociale étant une belle idée, si on la présente à l'entreprise, que va-t-elle en faire ?

Le biais que j'ai choisi pour illustrer cette question est le contrat gagnant / gagnant. Cette logique, selon moi, continue de promouvoir un registre de représentations relevant du « toujours plus », même si elle précise « Mais on peut négocier ». C'est une logique qui commence à montrer ses limites et la réalité me semble plus complexe.

© Éditions d'Organisation

J'oppose à cette logique du gagnant / gagnant celle de la *diffé-rence*. C'est un terme qu'on utilise de moins en moins, qui paraît galvaudé. La différence, c'est le genre bien sûr, l'âge... Mais c'est aussi l'impossibilité de réduire l'autre à être simplement mon miroir. C'est l'incertitude, la relativité...

☞ Je suis frappée de constater toujours davantage à quel point nous sommes différents, combien nous vivons dans des mondes, des univers, différents ; même si, bien sûr, nous partageons des points communs. Mais cette diversité, qui est la nôtre, a quelque chose d'étourdissant.

☞ Certes, au final, dans la prise en compte de la logique de la différence, la spirale vertueuse TP-PS risque de conduire l'entreprise, et de nous conduire, sur un terrain où il peut être difficile de s'aventurer : celui de l'inachevé, du devenir permanent, du manque ou de l'imperfection, autrement dit du désir. En d'autres termes, l'isolement souverain, la toute-puissance ou la perfection ne seraient-ils pas de ce monde ? Faudrait-il en faire le deuil ?

☞ Cette idée met plus précisément en évidence que c'est la tension entre les différences, et non la recherche d'un consensus, qui crée du mouvement et de la vie. La notion de « différence » renvoie beaucoup plus au dialogique. Ne pas réduire les différences mais en tirer profit, sachant que je fais tout à fait confiance aux entreprises pour instrumentaliser de toute manière cela une fois qu'on leur aura expliqué comment faire. Ce n'est pas un mal : il est presque du devoir de l'entreprise d'instrumentaliser ce qu'on lui propose. C'est avec cela qu'elle fait des bouteilles de Coca-Cola ou autres... On ne peut pas la diaboliser pour ce qu'elle produit.

© Éditions d'Organisation

☞ Dépasser les tensions sans vouloir les réduire devrait permettre à chacun d'y gagner. D'y gagner ou d'y progresser, d'y trouver un but pour soi-même.

☞ Et cela ne veut pas dire « gagner » pour autant. Dans l'idée de désaccord fécond, on peut toujours avoir une frustration sur le fait qu'on est obligé de « renoncer » par esprit de compromis. À l'arrivée, on se dit qu'on a opté pour la moins mauvaise solution pour tout le monde, mais on ne se sent pas obligatoirement gagnant individuellement. Ou alors le gain est ailleurs…

De l'intention au lâcher-prise : discussion à bâtons rompus

La logique de la différence : reconnaissance et intention

☞ Pour moi c'est une question de reconnaissance. Quand on parle de rapport gagnant / gagnant, c'est que quelque part on autorise l'autre, ou les autres, à gagner, et qu'ils nous autorisent à gagner. Et ce que l'on cherche dans ce rapport, me semble-t-il, c'est d'être reconnu. On m'a écouté, j'ai existé, j'ai pris ma place…

☞ Est-ce que la question n'est pas aussi : s'est-on rapproché de son intention essentielle ? Si on n'avait pas de clarté sur son intention, on est nécessairement perdant.

☞ Ce qui deviendrait alors le plus important est : « *J'ai avancé dans mon intention.* » J'ai cheminé vers mon accomplissement, ce que

© Éditions d'Organisation

je cherche… ou bien j'ai reculé. C'est le « toujours plus » mais par rapport à moi-même qui prime, par rapport à mon propre développement personnel, ma connaissance, ma cohérence.

L'éloge de la différence : échanges, enrichissement et… amorce d'un lâcher-prise

☞ Nous pourrions faire *l'éloge de la différence* avec l'idée « qu'ensemble, c'est toujours un peu plus que tout seul ». Ce qui caractérise bien la notion d'organisation apprenante, c'est l'idée de « rester ensemble ». C'est-à-dire que je n'aurai certainement pas la même position avant et après cette réunion ; je sais qu'une partie de moi aura cheminé pendant ces trois heures, qu'une partie se sera associée à certaines parties de certains d'entre vous et qu'à la fin je retrouverai une partie de moi, dont je n'aurai pas été privée ou frustrée mais enrichie. C'est l'idée qu'un collectif est « un plus » pour moi. Sauf si je crois, ce qui n'est pas le cas, que toute seule « j'ai bien plus raison que vous tous réunis ! ».

☞ C'est la même chose pour l'échange d'idées : tu avais une idée, je t'en donne une autre, te voilà avec deux idées sans pour autant que je perde la mienne. Il peut même émerger de l'échange une troisième idée qui ne serait pas apparue sans l'échange.

☞ Il ne faut pas non plus que l'on se laisse piéger par des mots. Puisqu'on est là sur une idée nouvelle, même si on la trouve déjà dans d'autres livres, essayons de trouver des expressions relativement différentes pour qu'on ne retourne pas sur des schémas existants.

© Éditions d'Organisation

☞ Mon texte m'a permis de formaliser au moins une idée par rapport à mes un an et demi d'expérience dans ce groupe. Et mon objectif n'est pas de pinailler sur la pertinence syntaxique ou conceptuelle de tel mot, je n'ai rien contre l'expression gagnant / gagnant en soi… Ce qui me paraissait intéressant, c'est de dire : si on est une organisation apprenante, comment cela peut-il marcher ? Il me semble que ça suppose que l'entreprise accepte de laisser faire. Et cela s'appelle « accepter la différence ». Exactement comme quand dans notre groupe des personnes parlent de choses dont on ne comprend pas tout, ou qu'au contraire on croit avoir compris depuis longtemps. C'est le brassage, on écoute, on laisse à l'autre le temps de parler… pour moi, ça c'est de la différence. On peut appeler cela tensions ou désaccords féconds… mais c'est l'idée que la différence ne s'encadre pas. Elle implique une forme de lâcher-prise.

AU SUJET DES MICRO-CHANGEMENTS

« Changer » n'est pas sans risques. Certes !

☞ Pour atténuer la pression sur le présupposé actuel incontestable qu'il faut que le dirigeant donne le « la » dans un processus de transformation collective, je voudrais ajouter l'idée suivante : on voit aussi dans les entreprises des managers intermédiaires, que j'ai l'habitude à tord ou à raison d'évaluer à 10 ou 20 %, totalement acquis à cette idée « d'intégrer l'humain » dans leurs pratiques et l'incertitude associée ; des managers prêts à utiliser des techniques et

© Éditions d'Organisation

pratiques nouvelles. Et cela peut faire tache d'huile. Je voudrais donc insister sur la place et le rôle des micro-expérimentations, des micro-changements et de la transformation par le bas que nous avons évoqués lors de certaines de nos réunions précédentes.

☞ Le changement par une série de micro-changements ! Oui, bien sûr ! Mais pour moi le risque est là aussi. Décider d'expérimenter, c'est déjà un risque. Car si l'expérimentation tourne mal, elle métastase, elle génère plus d'effets pervers que positifs. D'une certaine façon de telles démarches devraient être plus faciles à faire dans les petites entreprises, ou au niveau des équipes, et certainement beaucoup vivent comme cela sans le savoir. Dès qu'on est dans un grand système, ce dernier devient plus fort que les personnes.

LE DÉBAT S'ORIENTE SUR LE TERRAIN DES PME ET NOUS INVITE À REPRENDRE NOTRE POUVOIR CRÉATEUR

L'organisation apprenante : un modèle destiné aux petites plutôt qu'aux grandes entreprises ?

☞ Il y a tout de même une question que nous n'avons pas tranchée et qu'aborde souvent Rémy (Lesaunier). Dans notre approche, lorsque nous évoquons les organisations apprenantes, parle-t-on uniquement des expériences au sein des grandes entreprises ou également au sein des PME et PMI ?

☞ Il ne faut pas oublier que les entreprises ont pour l'immense majorité moins de cinquante salariés. Ces entre-

© Éditions d'Organisation

prises représentent 98,4 % des entreprises françaises et 53,8 % des salariés. Les entreprises de moins de vingt salariés sont les plus nombreuses. Mais j'avais trouvé une bonne réponse dans ce que Hervé (Sérieyx) avait dit : de toute façon, le monde des entreprises est piloté par les grandes et les PME / PMI leur sont soumises.

Combien de marins partis vers des terres... vraiment si lointaines ?

Imagine, l'entreprise, c'est un bateau. Si, juste, imagine.

Nous ? On est des marins, nombreux, embarqués à bord de coques de noix (les PME avec moins de 250 salariés !).

Imagine, tu vois un peu la flotte de multicoques !

D'accord, la véritable armada, c'est pas nous.

Le sens de l'histoire, mondialisation et grands donneurs d'ordre, semble conduire ces PME aux règles des plus forts : services achats, qualité, déontologie et développement durable...

D'accord, les voies navigables, les réglementations internationales, les routes maritimes sont sous contrôle de grands.

Tout pour les armateurs et les amiraux ! Rien pour nous !

Notre PME est alors considérée comme simple élément de flottille de l'entreprise étendue. D'accord.

© Éditions d'Organisation

Toi et moi, de bons marins, c'est sûr, on ne peut pas agir sur les règles de navigation et le choix de nouvelles routes. Mais alors, comment une PME pourra-t-elle agir sur les donneurs d'ordre, sur leurs comportements, leur façon d'être apprenants ?

Et l'instinct de survie ? Il faut que le bateau tienne ! Il faut qu'on maîtrise un minimum. Créativité exigée ! Devenir « entreprise apprenante » n'est plus « interrogation » mais « obligation ». Réalisme. En pilote, et pas que dans le sillage.

Lisibilité des manœuvres, au plus près des éléments. Un équipage, une organisation de taille modeste, sensible au comportement humain, devrait naviguer plus aisément sous les modes de l'entreprise apprenante. À nous de jouer.

À nous d'être efficients et solidaires pour ne pas chavirer ! Entraînement et expérience. Parés au gros temps. De bons marins, c'est sûr !

Et tu vois l'équipier, le skipper et le routeur mobilisés dans une telle course ? Toi, moi, nous gagnerons l'échange, la re-connaissance, la connaissance aussi.

Plus aptes à changer de cap. Pas obligés de suivre.

Imagine, quelle mer !

☞ Oui… C'est bien la question : alors que nous pourrions partir en mer à la découverte de nouveaux territoires, pourquoi y-a-t-il tant d'organisations qui fabriquent de la monotonie ? Pourquoi autant de nos organisations ne sont-elles que des cimetières de l'intelligence, des lieux de

© Éditions d'Organisation

souffrance camouflée ? Il faut procéder à une dénonciation radicale.

Contre vents et marées, ne pas baisser les bras !

☞ Je me pose la question suivante : s'agissant des entreprises que je vois, plutôt des grandes, qu'ont-elles appris ces cinq dernières années ? J'ai vu des cas de fusion démarrer dans lesquels les personnes sont allées très loin sur l'idée d'évolution culturelle, de vision commune, voire de transformation personnelle. Et lorsqu'elles en parlent quelques années après, elles jurent qu'on ne les y reprendra plus. Elles ont eu l'impression de prendre beaucoup de risques. L'expérience a été difficile, parfois douloureuse. Des décisions stratégiques sont venues balayer leurs efforts. Avec le recul, elles deviennent critiques, affirment que quitte à se voir imposer une décision, elles ne feront pas semblant d'y mettre du sens. Je trouve que cela réintroduit du tragique dans l'histoire. Ces personnes, déçues, ont désappris, sont vaccinées. Je pense qu'il faut réintégrer cette notion dans le cadre de la conjugaison entre développement durable et gouvernement d'entreprise, entre transformation personnelle et transformation collective. Et cela ne voudrait-il pas dire que le changement doit venir de l'extérieur ?

☞ Cela rejoint l'idée de l'expérimentation qui n'aboutit pas aux résultats escomptés. Les organisations et les managers doivent apprendre à gérer ce type de situations sans pour autant baisser les bras. Il faut continuer. C'est une question de survie et cette évolution d'attitudes doit venir de

© Éditions d'Organisation

l'intérieur. Elle ne peut venir que d'elles-mêmes : les entreprises ne feront jamais rien qu'on leur ait imposé. On voit tout un tas de PME qui, n'ayant pas assez réfléchi à la qualité de leur image d'employeur, à l'ambiance, au développement de l'employabilité... ne sont plus capables de « faire venir » des personnes de qualité. Elles ne peuvent plus le faire, ni sur le long terme, ni sur le court terme et meurent. Toute entreprise doit apprendre à naviguer dans les quatre cadrans du schéma (voir schéma p. 170), sans oublier celui du bas à droite, le politique, qui est le terrain le moins investigué aujourd'hui.

Reprendre notre pouvoir créateur

☞ Et j'irais même plus loin : en affirmant ses choix et convictions, on reprend le pouvoir créateur. Et là, nous rebouclons... parce que sur le débat « Notre objectif en parlant d'organisation apprenante est-il de démontrer qu'il n'y a que cela qui marche ? », nous allons trouver de nombreux arguments « pour », de quoi alimenter nos propos. Pourtant, nous savons aussi qu'il existe toute une série d'organisations qui fonctionnent par rapport à des valeurs qui sont uniquement celles liées au profit, au court terme, au productivisme et à l'individualisme forcené. Mais pourtant ça marche. En évoquant l'organisation apprenante et l'apprentissage généralisé, il est important de souligner, je crois, que nous ne nous référons pas une espèce de déterminisme qui viendrait d'ailleurs, mais qu'il s'agit d'un choix. Les choix que nous faisons orientent une société au niveau local, et par extension global. C'est alors que nous reprenons notre

© Éditions d'Organisation

pouvoir politique si j'ose dire. C'est en affirmant leurs choix et partis pris que les dirigeants et managers pourront proposer et co-créer du sens avec leurs équipes, avec l'ensemble de l'organisation, et avec leurs différents partenaires, y compris les consommateurs-citoyens, et dans le respect écologique de notre environnement. Nous sommes nombreux, je pense, à avoir envie d'affirmer nos choix et de redonner du sens à nos actions sans encore oser véritablement le faire.

☞ On pourrait prendre un salarié de Michelin par exemple et inventer un dialogue contradictoire : *« Monsieur vous travaillez chez Michelin depuis combien de temps ? Êtes-vous heureux ?... »...*

☞ Oui, c'est sûr, en guise de réponse on pourrait avoir :

« – Depuis trente ans. Si je suis heureux ? oui, et je suis plutôt bien payé. J'ai des avantages sociaux.

– Vous êtes créatif ?

– Non mais je m'en fiche. Et puis j'attends la retraite...

– Et qu'avez-vous appris ?

– Rien de bien utile. Je sais que je ne pourrai pas transmettre mon métier, ça m'attriste un peu, mais après tout, c'est pas mon problème...

– Et quel sens donnez-vous à votre travail ?

– Le sens ? J'ai toujours bien fait ce pour quoi j'étais payé, je me suis appliqué. Mais qu'est-ce que vous entendez par « sens », de toute façon, on ne peut pas faire grand-chose et c'est l'argent qui décide... »

© Éditions d'Organisation

Je crois que ce dialogue n'est qu'une caricature grossière. Nous sommes, me semble-t-il, tous animés par le désir de nous sentir utiles, par l'envie de participer à une action commune porteuse de sens, par le plaisir de nous étonner nous-mêmes de la richesse de nos propres créations individuelles et collectives... Et je crois que c'est sur ce désir, cette envie et ce plaisir que l'entreprise et par extension les organisations doivent miser... En tout cas, cela me semblerait être le moteur d'une démarche apprenante...

UN TEMPS DÉDIÉ AU CONSULTING

Mise en place d'une démarche apprenante : check-list de questions pour bien choisir son consultant

☞ Pour qualifier ce qu'est une organisation apprenante, Hervé (Sérieyx) nous propose la définition suivante : « *Les organisations apprenantes sont des organisations qui permettent de produire ce qui les justifie (les produits, les services, les richesses...), et qui, simultanément, permettent que les femmes et les hommes qui sont en son sein se développent, acquièrent plus d'autonomie, plus de capacités, plus de savoirs individuels et collectifs.* » J'aimerais contribuer à nos travaux à partir d'une interview de Béatrice (Quasnik) sur le dispositif qu'elle propose aux managers intitulé « Le Parcours ». Sur le fond, cela pourra donner des pistes quant aux questions à poser par un manager lorsqu'il fait appel à un consultant externe...

– Quelle est votre définition de l'organisation apprenante ?
– Quels en sont les éléments clés ?

© Éditions d'Organisation

– Les entreprises qui vous ont fait confiance pour mener de telles initiatives ont-elles un profil spécifique ?

– Quels sont les moyens utilisés pour solliciter les valeurs de partage de l'information, des connaissances, de curiosité, d'esprit d'équipe qui caractérisent une entreprise apprenante ?

– Quelles sont les caractéristiques des contextes dans lesquels vous intervenez ?

– Quelles sont les conditions de succès ?

– Quel est le rôle du management dans cette démarche ?

– Comment prenez-vous en compte les trois niveaux d'apprentissage : individuel, équipe, organisation ?

– Assurez-vous le suivi de votre action ? Est-ce nécessaire pour installer la culture d'un apprentissage continu ?

– Comment renforcez-vous la créativité, la capacité d'innovation ?

– Vous intégrez dans votre démarche des outils informatiques : à quel moment et comment ?

– Apprendre à gérer la complexité, l'inconnu, l'instabilité, la différence n'est-ce pas ce qui caractérise particulièrement l'organisation apprenante ? Quels exercices proposez-vous pour permettre aux équipes de se frotter à ces notions ?

– Vous intervenez à un moment « T » dans la vie d'une organisation. Après avoir vécu, senti, expérimenté la démarche que vous proposez les participants retombent dans leur routine, et leurs modes de fonctionnement. N'y a-t-il pas là un risque ? Un impact de votre méthode péda-gogique sur la durée est-il possible ? Sous quelles formes ? Pourriez-vous en mesurer les effets ?

© Éditions d'Organisation

– Développer l'autonomie, mieux se connaître, respecter la différence, apprendre de l'autre, jouer collectif, voilà ce que les collaborateurs des entreprises découvrent à travers une expérience apprenante. Est-ce une façon pour vous de développer les dimensions citoyennes ? d'œuvrer pour une action « durable » au sens de « développement humain durable » ?

– Qu'est-ce qui vous paraît le plus novateur dans une démarche d'entreprise apprenante ? Qu'est-ce que cela remet en cause ?

– Quel est votre meilleur souvenir d'apprenance ?

– À travers votre expérience, avez-vous repéré pour vous-même votre façon personnelle « d'apprendre » ?

☞ « L'essentiel en communication n'est pas ce que nous disons mais la manière dont nous sommes compris », comme vous le savez. Et ce sur quoi nous aimerions être compris c'est qu'il y a intérêt, voire urgence, pour les organisations, l'entreprise en priorité, les autres par extension, à passer à un mode de fonctionnement apprenant. Et ce, quelle que soit la méthode de transformation et d'évolution retenue… quel que soit l'outil ou le consultant !

NOUS AVONS « SURDÉVELOPPÉ » NOTRE CERVEAU GAUCHE

L'apprentissage : faire appel au cerveau droit et au cerveau gauche, simultanément

☞ Ce qui me séduirait dans la réalisation de notre ouvrage collectif serait un mélange de dialogues, de dessins,

© Éditions d'Organisation

l'ensemble étant scénarisé. On serait là totalement dans l'apprentissage, source d'innovation, avec ce mélange de rationalité et de méthode d'un côté, de jeu, de couleurs, et de tonalités de l'autre. Ces deux versants étant en interaction. Car il s'agit bien de solliciter les personnes, collaborateurs de l'entreprise, à travers leurs différentes dimensions : cognitive et intellectuelle bien sûr, mais également émotionnelle, imaginative, créative. Une sollicitation équilibrée du fond et de la forme, du cerveau droit et du cerveau gauche.

L'organisation apprenante : un mélange de « procédures » et de « créativité »

☞ Très concrètement, cette articulation entre procédures / méthode et imagination / créativité existe déjà et depuis des années très fortement dans les processus de recherche et développement. Toutes les entreprises savent qu'elles doivent créer des *task force,* les propulser en dehors de l'organisation. Et c'est une fois qu'elles ont trouvé l'idée, la bonne, qu'elles entrent dans une logique de processus d'industrialisation et de duplication. On ne peut pas dire que cela n'existe pas ; cela existe, mais reste cantonné au processus de création en amont de la fabrication. Comme on sait qu'on ne sait pas produire d'idées sans liberté, ce qui change à présent c'est qu'on sent bien la nécessité d'aller plus loin que les seuls services de recherche et développement. Aujourd'hui, les personnes que je rencontre me demandent : comment peut-on faire pour en même temps développer la créativité des équipes et avoir des processus,

© Éditions d'Organisation

des procédures ? À tous les niveaux de l'entreprise on veut les deux.

☞ Et cela dans un contexte qui va nous faire entrer de plain-pied dans une période de chasse aux coûts pour faire au moins aussi bien que l'extérieur, là où se déplacent les délocalisations, avec des systèmes sociaux, de rémunération qui ne sont pas les mêmes que les nôtres. Bientôt, les Chinois feront aussi bien que nous en étant vingt fois moins chers. Nous devons avoir en tête que les dix années qui viennent, au moins, vont être très difficiles.

En même temps, on sait que l'avantage concurrentiel, pour qu'il y ait un futur pour une collectivité, une entreprise, un pays, se traduit aujourd'hui par l'innovation permanente. Or, autant on sait faire de la qualité avec des processus rigoureux, autant, comme tu le soulignes, l'innovation suppose des intelligences libres. Mais on ne peut pas être exclusivement rationnel et en même temps agir avec des esprits libérés. Alors comment fait-on ? L'organisation apprenante est une réponse parce qu'elle permet le développement individuel et collectif dans un esprit de solidarité.

Il est évident, ceci dit, qu'on cherche là la pierre philosophale et qu'on ne l'a pas encore. Si nous la trouvons, nous serons les premiers à l'avoir. C'est par là que passe la survie des entreprises, mais peut-être que cela n'existe pas… Dans tous les cas, nous allons avoir besoin de personnes capables d'une incroyable rigueur individuelle et collective et en même temps des personnes libres, capables d'écouter et de s'enrichir de la différence. Nous avons pour l'instant un mal de chien à marier les

© Éditions d'Organisation

deux car toutes nos représentations mentales liées au mot « organisation » sont mécanistes. Implicitement, nous sommes persuadés qu'il faut de l'ordre, des pyramides... Tout reste à inventer.

La discussion s'engage à présent sur le terrain de la transformation personnelle...

Autonomie : attention danger !

☞ J'ai assisté à une grande campagne à France Télécom il y a quelques années. Un directeur avait lancé : *l'autonomie à la première ligne*. Il fallait que les agents vendent... Cela s'est traduit effectivement par une certaine autonomie des vendeurs mais par un reporting incroyable : parce que tout le monde voulait savoir ce que faisaient les gens autonomes.

☞ Oui. Il faut contrôler les gens autonomes, ils sont très dangereux !

☞ Si jamais ils étaient autonomes pour ne rien faire ! *(rires)* Ou pour ne faire que ce qui leur plaît !

☞ Il y a une phrase qui m'a aidée longtemps : « *Organiser, ce n'est pas mettre plus d'ordre, mais plus de vie.* »

☞ Et de la vie à l'anarchie, la marge est étroite...

☞ Mais cela va tout de même être l'enjeu : non pas mettre de l'ordre, mais mettre de la vie. C'est ça la bataille. Et ce sur quoi on travaille n'est qu'un balbutiement.

© Éditions d'Organisation

Maîtrise et lâcher-prise

☞ N'y a-t-il pas derrière ces idées celle de la « maîtrise » ? On a longtemps pensé, et beaucoup pensent encore, que l'organisation pyramidale et la hiérarchie statutaire sont le seul moyen de contrôler, de maîtriser une organisation, une entreprise, une institution. Parallèlement, partout nous pouvons voir et entendre, et nous-mêmes prenons part à ce discours, qu'il existe d'autres types d'organisations émergentes, comme l'organisation apprenante, mais qui, elles, obligent au lâcher-prise. Est-ce que ce n'est pas en matière de lâcher-prise que nous n'avons pas le choix ?... Un lâcher-prise conscient bien évidemment !

Et du coup cela ne peut pas se faire sans transformation personnelle puisque le lâcher-prise nous renvoie à nous-même, à notre capacité justement à lâcher prise avec nos convictions, certitudes, croyances, habitudes, grilles de lecture du monde. Ce n'est pas intellectuel. C'est une attitude... une attitude qui concerne tous les dirigeants et managers, qu'ils soient d'entreprise, du monde de l'économique, ou du politique. Et chacun d'entre nous. Concrètement cela donne : comment vais-je expliquer à mes troupes que je ne sais pas quelle est la stratégie à cinq ans ? Que j'ai juste une intuition, mais que nous allons tout de même y aller ensemble !

☞ Certes ce n'est pas facilement conjugable avec un ERP *(Enterprise Ressources Planning)* qui dit « tout est là ». On est dans des logiques totalement contradictoires mais qui, du simple point de vue économique, sont totalement complémentaires et toutes deux nécessaires. Il n'y aura pas d'avenir

© Éditions d'Organisation

pour une économie qui ne sait pas conjuguer les deux tout simplement parce qu'il n'y aura pas d'innovation. Et sans innovation, c'est la mort.

☞ On sent que c'est à la fois de la transformation personnelle et de la transformation collective. Mais je ne vois pas comment on pourrait à titre individuel s'engager dans un) lâcher-prise si le collectif continue de véhiculer des valeurs et des cadres qui le rendent impossible. C'est donc une disposition personnelle mais c'est une dynamique aussi portée par une organisation et une culture collective.

Le coaching, une occasion de revoir nos modes de pensée ?

☞ Puisque nous évoquons le lâcher-prise et la transformation personnelle, peut-être serait-il intéressant à ce stade que nous parlions du coaching. Son émergence n'apparaît-elle pas comme un révélateur de la pertinence de l'interaction Transformation Personnelle-Transformation Sociale ? Il me semble bien que oui. Ce qui peut donner comme questionnement : *le coaching, une clairière pour penser ?... La capacité de penser comme stade ultime de l'autonomie ?...* Et notez bien que la capacité à penser, à bien penser, à penser écologique ne fait partie d'aucun outil d'évaluation dans nos entreprises.

© Éditions d'Organisation

DIALOGUES À THÈMES :
LES NOUVELLES TECHNOLOGIES, LES ORGANISATIONS HUMANITAIRES EN RÉSEAUX, CONSULTING CITY, LES START-UPS ET LES ASSOCIATIONS

Et les nouvelles technologies dans tout ça ?

☞ À aucun moment nous n'avons véritablement évoqué les nouvelles technologies et leurs impacts et opportunités sur l'organisation. Elles me semblent être aussi en plein cœur du sujet. Travailler sur le croisement, l'interface entre « l'humain » et « les nouvelles technologies » peut être un moyen d'amener des transformations dans un domaine où justement il y a des évolutions fortes et où la transformation personnelle peut être utile et avoir sa place, tant pour l'organisation que pour les personnes elles-mêmes. Les nouvelles technologies se situent à l'intersection de la transformation personnelle et de la transformation sociale.

☞ Cela m'évoque deux illustrations. Une positive, l'autre négative. L'exemple négatif c'est les ERP, SAP, Big Brother. Là, on diminue l'autonomie des personnes, on est dans un taylorisme nouveau. Pour autant, l'outil est intelligent ; mais il s'impose aux personnes. En revanche, on s'aperçoit également que les nouvelles technologies de l'information sont en train d'ouvrir des marges de liberté et de transformer profondément l'organisation : cette opportunité vient du fait que, si le cadre d'hier était légitimé parce qu'il apportait de l'information à ses équipes, celles-ci l'ont aujourd'hui précédé avant même qu'il n'ait eu le temps de regagner son bureau. Son boulot n'est donc plus d'apporter

© Éditions d'Organisation

l'information, mais d'essayer, avec ses équipes, de lui donner du sens. Et là on est dans de la transformation sociale.

☞ Puisque la technologie est nécessaire pour l'entreprise, il y a certainement un processus d'acceptation et d'intégration à enclencher plus rapidement que cela ne se fait aujourd'hui. Particulièrement sur le rôle du manager compte tenu de tous les outils de partage de l'information qui se développent à la vitesse « grand v »...

Les organisations humanitaires en réseaux seraient-elles plus apprenantes que les autres ?

☞ Nous devions également réévoquer la question des organisations humanitaires et approfondir celle des organisations en réseaux. Nous en étions restés au débat contradictoire, donc fécond (!) à partir de la proposition de François-Noël (Tissot).

☞ J'ai modélisé les interventions que j'ai réalisées ces dernières années et je suis arrivé à la conclusion que les organisations d'aide humanitaire de première urgence sont souvent des modèles d'entreprises en réseaux. Ce qui compte aujourd'hui, dans les entreprises en réseaux, c'est *la qualité et l'économie du lien*. Mais ce qui manque, c'est justement les critères d'évaluation de la qualité et de l'économie du lien. Je propose une réflexion sur comment apprécier ces outils. C'est pour l'instant assez intellectuel et cela mériterait des illustrations sur ce qui se passe dans l'humanitaire. Comment outiller ces nouveaux modes d'organisation ?

© Éditions d'Organisation

☞ Est-ce que tu penses que le fait que ces entreprises soient en réseaux est lié au caractère d'urgence, à l'aspect crucial de leur mission. Est-ce que cela joue ?

☞ Je suis parti de mes interventions auprès d'entreprises qui souhaitaient développer des initiatives pour une plus grande innovation, et pour mieux servir le client. Dans ces cas-là, même si on avance, on est tout de même freiné par les autres, et on ne peut pas pousser l'exercice jusqu'au bout car il y a les critères d'hier, les pyramides, chapelles, et fonctionnements mécanistes. Je me suis alors intéressé aux organisations humanitaires d'urgence. Ce type d'entreprises tend à servir à chaque instant « le juste nécessaire » à l'innovation des clients, et à permettre à leurs fournisseurs de leur servir le même « juste nécessaire » à ses propres innovations et initiatives.

☞ C'est intéressant de passer par un autre type d'organisation que l'entreprise classique. Cela me fait penser aux équipes de foot qui doivent atteindre très vite des objectifs. En temps réel, on n'a pas le temps d'arrêter le jeu en disant : *« Tu as besoin d'une formation complémentaire parce que tu ne fais pas bien ton boulot de goal ou de buteur. »* Il faut en temps réel s'ajuster pour arriver à la performance. Mais est-ce que les modes de fonctionnement de ces ONG sont de nature à les aider à se développer sur le long terme ? Est-ce que ce sont des organisations plus apprenantes que les autres ou simplement « faisantes » ?

☞ C'est le service qui est urgent mais l'organisation est-elle innovante, est-elle conçue comme une organisation apprenante ou comme une organisation classique ?

© Éditions d'Organisation

☞ Mon expérience de ces organisations humanitaires, c'est qu'il y a autant de névrosés qu'ailleurs, autant de personnes qui vivent dans le stress, dans le besoin, à la recherche de leur dose d'adrénaline. C'est peut-être un peu abrupt mais c'est ça…

☞ Je suis d'accord. C'est pour cela que je trouverais risqué de faire l'amalgame entre « l'organisation » et la nature du service, que ce soit « l'humanitaire » ou « l'urgence du service ».

Consulting city : une organisation apprenante ?

☞ Une idée ! On rencontre aussi cette organisation en réseaux dans le monde du service. Est-ce que par exemple l'entreprise en réseaux, résiliaire, ne pourrait pas se trouver dans le monde des consultants… une sorte de consulting city. On est chacun là où on est, et, à un moment donné, nous sommes capables de nous mobiliser en équipe pour présenter la meilleure analyse et le meilleur discours au client. Est-ce que cela ne pourrait pas être une illustration, plus que les entreprises humanitaires ?

☞ À la différence près qu'il n'y a pas d'institution « consultants ». J'ai pris cet exemple des organisations humanitaires parce qu'il y a une raison d'être dans laquelle se reconnaît l'ensemble des parties prenantes du domaine.

☞ Il n'y a pas d'institution « consultants » mais il y a tout de même quelque chose qui fédère ces individus, qui fait qu'ils seront capables de se rapprocher à un moment donné, en

© Éditions d'Organisation

fonction d'une demande client, en étant réactifs, opérationnels, et solidaires. « L'organisation apprenante » nous dit
que chaque individu est capable de suivre sa propre route
dans une logique d'évolution personnelle et d'exigence
personnelle, et en même temps peut à tout moment faire des
passerelles avec X, Y, ou Z lorsqu'on doit fédérer nos énergies et actions.

☞ Avec une forme d'organisation particulière…

Expériences apprenantes et autres start-ups

☞ Je viens de lire un livre sur l'histoire de la Smart. Il y a eu un
temps de Transformation Personnelle-Transformation
Sociale extraordinaire pour ceux qui travaillaient dans les
équipes concernées. Mais est-ce que cela s'inscrivait dans un
développement durable… je ne sais pas… pour l'instant
cela dure depuis une dizaine d'années.

☞ Il est certain qu'il y a des exemples où on peut dire : « Ils
étaient tous dans TP-TS à fond, mais ils sont tous
morts… » ; c'est comme pour les start-ups !

☞ Ils sont « morts » en TS et ont certainement grandi en TP,
non ?

☞ Non. Je pense qu'en TP ils ont souffert aussi… Dépres-
sion…

© Éditions d'Organisation

186

Quant aux associations

☞ Je peux évoquer Emmaüs que je connais bien. Les problématiques se rapprochent de celles de l'entreprise. D'ailleurs les problématiques des associations en général se rapprochent de celles de l'entreprise.

Siffler en travaillant...

« – *Prof :* le dictionnaire donne les définitions suivantes. Entreprise : « *organisation autonome de production de biens ou de services marchands* » ; association : « *groupement de personnes qui s'unissent en vue d'un but déterminé* ».

– *Simplet :* mais est-ce si différent ? Par exemple : si le capital de l'entreprise est détenu par des actionnaires ou des associés, l'association à but non lucratif possède un conseil d'administration, un président ! *(fier !)*

– *Prof :* eh oui ! Une association, humanitaire, ou de loisirs, présente certaines caractéristiques de l'entreprise. Or, Môssieu, d'un point de vue « anthropologique » : au commencement était l'association !

– *Simplet :* alors ce qui distingue aujourd'hui l'entreprise de l'association, c'est le « pourquoi nous marchons ensemble », marchands ou non marchands ? *(sourire)*

– *Prof :* pas si simple ! Certaines associations ont des activités marchandes ! En fait la différence est sur le « pour quoi faire » ? Pour le bénéfice de qui ? et de combien ?...

© Éditions d'Organisation

– *Miroir :* *(froid)* l'association représente l'archétype d'organisation conciliant gouvernance et développement durable par la nécessité de règles et l'ambition du mieux-être de l'Homme.

– *Joyeux :* c'est l'espace privilégié d'interactions personnelles où chaque membre partage les valeurs et les objectifs du groupe et participe à leur réalisation. Où le groupe reconnaît ses associés. *(rassuré)*

– *Grincheux :* quoique ! « *Qui de nous n'a pas fait l'expérience des gâchis engendrés par les querelles intestines, les luttes de pouvoir et les appétits personnels au sein de nos associations, de nos organisations et de nos réseaux ?* » [1]

– *Timide :* *(rosissant)* pas moi. C'est vrai, j'entends encore de temps en temps ce chuchotement tentateur m'incitant à utiliser mes ressources manipulatrices. Mais je n'ose pas ! Résistance ?

– *Le Prince :* *(connaisseur)* l'implication dans une association est de nature plus intime que celle que nous engageons dans notre entreprise mais elle n'échappe pas aux représentations convenues des rapports sociaux.

– *Blanche-Neige :* si je suis bénévole, c'est que je le vaux bien ! *(moqueuse)*

– *Prof :* *(fronçant les sourcils)* hum, Hum ! Au-delà du désir / besoin existentiel de contribuer au bien-être collectif, le risque est patent d'en pervertir le sens et d'opérer la confusion entre le « pouvoir sur » et le « pouvoir de ».

---

1. Citation de Philippe Merlant.

© Éditions d'Organisation

> – *Miroir : (un brin fataliste)* ego mais… pas Égal.
>
> – *Prof :* génétiquement, l'association est apprenante. Modifiée, elle devient sectaire, secte ou meurt.
>
> – *Grincheux :* individuellement, nous agissons sur notre association par notre participation, voire notre seule présence, jusqu'à notre absence. *(fusillant du regard Dormeur)*
>
> – *Dormeur : (dormant)* ronnnrooooon !!!!!!!!!!!
>
> – *Joyeux :* l'acceptation du collectif, notre implication dans son évolution, et l'écoute de l'autre, stimulent notre capacité apprenante d'entreprendre. Nous sommes, donc, et puisque je suis.
>
> – *Atchoum :* l'interaction apprenante…
>
> – *En chœur :* à tes souhaits ! »

ZOOM SUR LES SÉMINAIRES DE DIRECTION

Quand une expérience vécue invite au débat

☞ J'aimerais vous faire partager une expérience récente. Je travaille avec le comité de direction d'un groupe chimique. Depuis plusieurs mois, la menace d'être revendu à un groupe financier planait. Il s'ensuivait une très forte réorganisation, pire un démantèlement. Énorme émoi au sein du comité de direction. Un séminaire est organisé. La demande est la suivante : « *Donnez-nous des « billes » pour parler de manière cohérente et convaincante, pour présenter un projet structuré et chiffré, car si nous sommes rachetés par un groupe financier, nous*

© Éditions d'Organisation

devrons avoir du répondant. Nous ne sommes pas prêts. » Alors que la demande portait exclusivement sur l'aspect financier, nous avons proposé de croiser, dans l'animation même de ce séminaire, cet aspect et l'aspect relationnel, interpersonnel, ce dernier nous semblant être un levier de réussite pour la cohésion et la cohérence recherchées.

Quatorze personnes étaient présentes dont le patron que tout le monde soupçonnait de savoir ce qui allait se passer mais de ne rien dire. Les participants se regardaient en chiens de faïence. Ça vous donne une idée du climat. Le début fut très tendu : alors que le patron avait validé le contenu et le déroulement du séminaire, il restait enfermé dans un mur de silence. Ce comportement a saboté les deux premières heures. Et un patron qui sabote devant des personnes qui sont de toute manière tétanisées, vous pouvez imaginer ce que cela donne !

Au fil de la journée cependant quelque chose a émergé. Ce quelque chose s'est produit à partir du moment où le groupe a commencé, à travers les exercices et réflexions proposés à percevoir qu'il y avait là des individus, que chacun avait des comportements différents mais néanmoins compatibles, et que tout cela était finalement tout à fait acceptable, respectable, et sans danger. La bascule s'est véritablement produite au moment où nous avons évoqué les valeurs du groupe, qu'un exercice nous a permis de mettre en évidence. Sur un total de 28 points possibles, 22 se positionnaient en individualistes et matérialistes. Là, les participants se sont tous regardés comme s'ils se demandaient : « *Mais comment allons-nous y arriver ? Comment proposer un projet commun dans ces conditions ?* » Alors, évidemment, il y avait en arrière-plan la justification selon laquelle :

© Éditions d'Organisation

« C'est notre schéma de fonctionnement, c'est notre activité qui veut ça, c'est normal que nous soyons comme cela… » Mais en même temps, le doute s'était infiltré. Trois ou quatre participants disaient quant à eux : altruiste ? esthétique ? Qu'est-ce que cela a à voir dans cette histoire ? Puis, et en dépit d'un tentative collective de marginalisation, ces 3 ou 4 ont pris la parole. Celui qui avait dit « altruiste » a annoncé : *« Voilà, je vais vous expliquer comment je pense que l'on peut conjuguer le sens du concret et le sens de l'autre. »* Et ça a continué le lendemain… Je m'arrête là… Les membres de l'équipe sont arrivés à la conclusion qu'une des conditions de réussite était qu'ils soient d'accord entre eux et qu'ils fassent corps pour que ça marche : *« On veut continuer à apprendre à travailler ensemble »* ont-ils affirmé au terme du séminaire. Voilà un travail « sur » et « par » un comité de direction sur ses modes de fonctionnement humain.

☞ C'est une belle illustration de l'utilité de ces séminaires, qu'ils soient proposés sous cette forme ou sous une autre. C'est là un des points de rencontre majeurs entre une réflexion sur soi et la manière dont un collectif s'embarque dans la dynamique de l'organisation apprenante malgré tout son cortège de turpitudes.

☞ Moi, ce récit me fait penser que… tu dois avoir d'excellents talents de commerciale pour vendre ce type de prestations…

☞ Pour moi la question n'est pas là. C'est plutôt : comment est-ce que j'arrive à rapatrier des outils de développement personnel pour tirer quatorze personnes qui n'ont pas forcément envie d'y aller et les amener à cette logique

© Éditions d'Organisation

« d'apprendre ensemble qui on est, comment on se représente l'endroit où on veut aller, et comment on va y aller ? ».

☞ C'est certainement rare, je suppose, de devoir commencer à zéro ce type de travail au niveau d'un comité de direction. Aussi peu se connaître et savoir comment on fonctionne ensemble me laisse songeur…

☞ Mais non au contraire, c'est très fréquent. C'est partout pareil ! Ou presque.

☞ Oui, c'est partout pareil.

☞ À mon avis, c'est pour cela qu'ils sont à ces postes-là, sinon ils n'y seraient pas compte tenu de la culture ambiante et des valeurs commerciales et financières actuelles…. enfin je ne veux pas généraliser…

☞ Il faut tout de même des « tueurs crocodiles », c'est ce qui permet d'entrer dans un comité de direction…

☞ Je sors d'un séminaire de deux jours justement… Quelqu'un m'a demandé comment cela s'était passé. J'ai répondu : « j'en suis sorti … vivant ! » Parce que les crocodiles, pour reprendre l'expression, attaquaient au cigare de 7 heures du matin à 8 heures du soir. Ils s'enfumaient mutuellement... avec une hiérarchie du cigare dans cette équipe ; le DG ayant le plus gros…

© Éditions d'Organisation

Trois propositions pour passer à l'apprenance

☞ Trois idées me viennent à l'esprit en entendant ta présentation :

La première, c'est la confirmation qu'on ne peut faire passer une organisation désapprenante ou « pas apprenante » à une organisation apprenante sans l'engagement du dirigeant. Ce sont ceux qui sont aux affaires qui peuvent permettre qu'une organisation devienne apprenante ou pas. C'est donc eux qu'il faut convaincre.

La seconde est la suivante : l'organisation apprenante suppose que tous ceux qui ont un rôle doivent réconcilier dans leurs pratiques la dimension technique et la dimension humaine. L'organisation apprenante est un modèle de fonctionnement adapté à un environnement complexe : or en matière de management dans la complexité, on le sait, ou en tout cas c'est aussi ce que nous essayons de dire, la forme devient du fond. En d'autres termes, la manière de s'y prendre (qui va reposer sur des compétences personnelles et la gestion du relationnel) est aussi importante que le fond (ce que nous faisons « ensemble », ce qui justifie que nous nous organisions en une communauté). Fond et forme, objectif et manière d'atteindre l'objectif sont deux dimensions indissociables et tout aussi importantes l'une que l'autre.

Enfin *la troisième idée* est que le développement de l'apprentissage et plus globalement l'intégration au sein même de l'organisation d'un processus collectivement apprenant, à tous les niveaux, nécessite, si ce n'est « toujours », dans la plupart des cas, un intervenant extérieur, un tiers.

© Éditions d'Organisation

Passer à l'apprenance : attendre la menace ou anticiper ?

☞ Lorsque l'entreprise sera apprenante, le séminaire de direction dont nous parlions et ses interventions ne seront plus les mêmes. Là, ce que nous dit ce type d'expériences, c'est qu'on est dans une situation de carence forte.

☞ Oui, l'organisation apprenante, c'est bien « anticiper », et non pas « ne bouger que s'il y a une menace ». Cela me fait penser à la dernière phrase du livre de Boris Cyrulnik, *Le murmure des fantômes*[1], qui dit : « *Il n'est pas fou de vouloir vivre et d'entendre au fond du gouffre un léger souffle qui nous dit que nous attend, comme un soleil impensable, le bonheur.* » Et à mon avis, on n'est pas obligé d'attendre d'être au fond du gouffre...

LA TRANSFORMATION PERSONNELLE : DE LA VIE DANS L'ENTREPRISE À LA VIE « TOUT COURT »

☞ Ce qui me frappe, c'est combien ce genre d'interventions – basées sur une meilleure connaissance de soi pour une plus grande efficacité dans l'entreprise, pour des personnes comme monsieur et madame tout le monde, qu'ils soient directeurs ou employés, ... avec ce mode d'intervention qui les amène à s'interroger sur eux-mêmes, même de très loin – peut être le déclencheur de tout un chemin qui conduit à un travail sur soi. Et c'est ce déclic qui peut venir du monde du travail, de l'entreprise, pour s'occuper de soi et s'intéresser

---

1. Le murmure des fantômes, Boris Cyrulnik, Odile Jacob, 2002.

© Éditions d'Organisation

enfin à soi. Je rejoins ce qu'on a déjà dit. Si une entreprise peut amener des individus à mourir de mort lente... elle peut aussi les conduire à se développer.

Dialogues autour des leviers du changement

Communiquer sur le changement : jouer sur la dramatisation ou sur « l'envie d'autre chose » ?

☞ Je voudrais évoquer le livre que nous projetons d'écrire. Il ne faut pas qu'on se trompe d'objectif. Ça pourrait être, en quatre-vingt-dix pages, créer une très forte inquiétude : on « déraille », on va dans le mur, on ne peut plus continuer à vivre ensemble comme on le fait... On ne peut pas rester des crocodiles qui s'entretuent et s'appauvrissent incroyablement... Ce qui a été considéré comme la norme hier est mortifère aujourd'hui. Il faut bien insister sur le fait qu'on ne peut échapper à l'organisation apprenante et à la dynamique TP-TS. Ne pas aller vers cette dynamique, c'est la mort du monde en général, et la mort du mien en particulier. Et si on parvient à créer cela, une très forte inquiétude et une petite espérance, alors notre bouquin touchera les gens.

☞ Je voudrais réagir à cela. Lorsque j'ai été confrontée à l'écriture auparavant, je me suis dit que les signaux d'alarme étaient tirés de tous les côtés. De plus, moi, je ne sais pas faire. Je sais écrire en deux lignes : « *Ça ne va pas, il nous faut autre chose* » mais c'est tout. Là où cela a du sens pour moi, c'est quand je propose des choses qui m'ont inspirée et que je suppose qu'elles peuvent se propager. Non pas que je ne

© Éditions d'Organisation

sois pas d'accord pour l'effet de bascule via une dramatisation de toute manière tristement réaliste, il faut vraiment bien cadrer notre propos. Mais en termes de quantité je ne crois pas qu'il faille développer un discours dramatique. Il faut avant tout donner envie.

Changer : c'est « mon » choix !

☞ S'il y a toujours des réponses et des espoirs dans les situations les plus catastrophiques, la question est de se demander « en quoi je suis sincère ? », « en quoi est-ce que je vais me transformer avec sincérité par rapport à moi-même ? », « si je réagis à un danger, que je m'adapte et que je reviens en position initiale, en quoi ma transformation personnelle est-elle effective et durable ? ».

☞ Excusez-moi de faire un peu Matrix. Je ne sais pas si vous avez vu le film… Pour moi, c'est une question de choix. Jusqu'où est-ce que je vais être sincère ? On a dix mille bouquins de recettes qui proposent des manières de mieux faire… j'anticipe mais ce qui me semble intéressant c'est que ce livre présente un choix. S'il devait avoir un objectif, ce serait pour moi de dire : « on a le choix. » Et d'ailleurs nous, nous faisons le choix de penser que l'organisation apprenante, TP-TS, etc. et d'ailleurs il nous semble que ça marche, etc.

☞ Mais est-ce qu'on a le choix ?

☞ Oui. Il est là notre pouvoir créateur. Il y a des crocodiles certes, ils peuvent durer un bon bout de temps encore ; mais ce n'est pas une fatalité.

© Éditions d'Organisation

RECADRAGE !

☞ Je vous rappelle que nous sommes partis de l'idée qu'il y a des organisations qui « bousillent » les personnes dans leur vie quotidienne, et qu'il y a des organisations conçues pour que les personnes qui y vivent et y œuvrent, non seulement fabriquent des bouteilles, car c'est ce que fait l'entreprise, mais en même temps se développent, accroissent leur discernement, leur autonomie, leurs capacités collectives... et il existe des façons de faire. Les réponses sont d'ordre technique : faire que les personnes sachent ce qu'elles font dans l'entreprise est d'ordre technique. Parce que dans une foule d'endroits on ne sait pas pourquoi on est là. Une organisation qui fait qu'on sait pourquoi on est là est une organisation qui a déjà un peu « d'apprenance ». Donc, ce que nous proposons, c'est de dire « rien ne va plus » et assez rapidement *« nous pensons qu'il y a le choix, que des personnes qui exercent des parcelles de responsabilités ont le choix. Et qu'il existe des modes d'organisation qui le permettent »*. Mais peut-être que certains sont incapables de mettre en place des organisations apprenantes, ou bien cela nécessiterait de véritables conversions personnelles. Et le livre doit dire cela...

☞ Si je peux enchaîner ... j'ai trois titres de chapitres qui me viennent assez spontanément à l'esprit d'autant plus que je m'inspire de titres de livres : le premier c'est *Un seul lit pour deux rêves* qui est le titre d'un bouquin d'André Fontaine[1], ancien rédacteur en chef du *Monde* qui avait écrit sur l'opposition EU et URSS et j'aimais bien l'image... On pourrait là

---

1. Un seul lit pour deux rêves, André Fontaine, 1962-1981, Fayard.

© Éditions d'Organisation

opposer les logiques contradictoires, en terme d'éthique, mais plus globalement en terme de vision du développement. Ensuite, je verrais bien un titre du style « *Dis-moi…* » j'allais presque dire « *maman* »… « *Dis-moi, mais c'est quoi une organisation apprenante ?* ». On parlait de « truc » intello tout à l'heure… si on interroge quelqu'un dans la rue sur l'organisation apprenante, il va nous regarder avec des yeux ronds. Il faut donc faire simple. Je suis pour les exemples, les témoignages, le vécu. Quant au troisième chapitre, c'est aussi un titre de bouquin : *La nouvelle Alliance,* parce que… parce que… TP-TS… c'est bien ça !

OBJECTIF « LIVRE » : ET APRÈS ?

☞ Ce serait bien d'associer le livre à un forum, ou un site web en disant : voilà, la dernière partie du livre, nous l'écrivons de manière interactive. Parce que ce qu'il faudrait, c'est réussir à ce que ce ne soit pas un coup d'édition puis quatre mois après, plus rien… il faut qu'il vive ce livre ! Et là, on n'est plus du tout dans le concept.

☞ C'est l'un des objectifs premiers du groupe qui était d'identifier et de mobiliser une sorte de collectif, et elle correspond plus largement aux objectifs du projet Interactions Transformation Personnelle-Transformation Sociale qui sont de relier les initiatives et les personnes, et de créer une dynamique visible et mobilisatrice.

© Éditions d'Organisation

L'ORGANISATION APPRENANTE : CRÉER L'ÉTOILE COLLECTIVE... DE LA MOSAÏQUE ÉCLATÉE AU CHEF-D'ŒUVRE BIZANTIN

☞ L'organisation apprenante est une démarche qui a pour but de faire des hommes et des femmes debout. Des femmes et des hommes qui apprennent en faisant ce que l'organisation doit faire : c'est subversif, peut-être ... mais salutaire !

☞ Oui, mais pour parvenir à cela, est-ce que nous n'avons pas à apprendre, individuellement et collectivement, à devenir les artisans de notre vie et de nos vies ? En rebondissant sur ce que disait Ivan (Maltcheff), il s'agirait de reprendre notre pouvoir créateur, et en reprenant les propos de Marie (Rebeyrolle), non seulement d'autoriser les différences, mais grâce à elles de nous enrichir, en osant avant tout notre propre différence. Quant à la dame de l'atelier 18, l'employée qu'on a entendue à la télévision au moment de son licenciement, elle doit avoir appris à rebondir, à porter, pour reprendre l'expression de Béatrice (Quasnik), un autre regard sur elle et son parcours. Mais notre société tout entière doit fonctionner de telle manière qu'elle aura envie de le faire et le pourra. C'est l'idée de Jacques Lecomte d'ailleurs lorsqu'il parle de résilience collective.

© Éditions d'Organisation

Conclusion : apprendre, expérimenter, pratiquer

« Ce qui manque aujourd'hui à la Cinquième discipline, c'est la pratique, apprendre, expérimenter. » Ces propos, que nous devons à Peter Senge, sont une invitation à essayer, à témoigner, à partager les uns avec les autres nos expériences, à concrétiser nos envies de transformation… Telle était également l'invitation de cette dernière partie. Si vous y avez trouvé des sources d'inspiration, voire des éléments de stimulation, alors nous aurons atteint l'objectif que nous nous étions fixés.

L'expérience relatée ici, s'est déroulée dans un cadre associatif, dans le secteur non marchand. Les expériences apprenantes y sont-elles plus faciles à mettre en place que dans le secteur économique, marchand, qui est, lui, fortement soumis à la pression financière et laisserait donc moins de marge créative ?

Ce que nous pouvons dire, c'est que notre expérience associative repose sur une action totalement volontariste ; la quasi-absence de contraintes financières (absence relative puisque chacun des participants est soumis à ses propres contraintes financières), de bornes imposées par l'externe, et de contractualisation nécessite de la part de chacun, et du groupe, un engagement, une clarification de la vision et des objectifs, et une qualité relationnelle *a priori*. Car sinon, le système ne pourrait pas tenir longtemps. Il y a donc une obligation vitale de donner du sens, d'entrée de jeu, à l'aventure. Et d'interagir le plus possible pour donner vie à ce sens. Dans ce type d'expérience, seule la « pression » que nous nous mettons nous-même (à chacun d'être au clair avec « pourquoi est-ce que je participe ? pour quoi ? quel sens cela a-t-il pour moi ? »), ainsi que la nature de nos échanges peuvent nous donner l'énergie d'avancer, nous ouvrir ou nous fermer la voie. Les espaces de paroles, expérimentations, événements associés n'existent que parce que nous décidons de les faire exister. Cela ne nous semble pas éloigné de l'apprenance au sein du secteur marchand. C'est ce que nous avons tenté de mettre en lumière. Dans les deux cas il s'agit de prendre la mer : seuls peuvent être différents la nature du navire, l'état d'esprit du capitaine et de l'équipage, et les conditions atmosphériques.

Il est évident qu'à ce jour, le groupe Entreprise TP-TS n'a pas atteint tous ses objectifs. Par ailleurs, tous les bénéfices que nous avons pus, individuellement et collectivement, dégager de ce cheminement commun ne figurent pas dans ces pages. Certains ne sont même pas encore parvenus à notre conscience et notre connaissance. L'apprentissage est

© Éditions d'Organisation

un processus lent et les associations nouvelles se font souvent dans le silence de ce que l'on nomme la maturation.

Nous l'avons déjà souligné, ce livre n'est qu'une étape dans la vie du groupe. Ses actions futures et son évolution seront nourries par les personnes qui le rejoindront, leurs approches, idées, envies. Quelles que soient les modalités opérationnelles retenues, elles devront permettre d'avancer vers l'atteinte des objectifs généraux du projet Interactions TP-TS.

Pour terminer, pour la beauté des mots et pour le sens dont ils sont porteurs, deux citations. La première est d'Éric Fromm, la seconde de Don Elder Camara :

« Pour la première fois dans l'histoire, la survie de la race humaine dépend d'un changement radical du cœur humain. Mais ce changement n'est possible que dans la mesure où interviennent des changements économiques et sociaux capables de donner au cœur humain la chance de changer, le courage et l'envie d'accomplir ce changement. »

« Lorsque nous sommes seuls à rêver, cela ne demeure qu'un rêve. Lorsque nous rêvons ensemble, ce n'est plus seulement un rêve, c'est le début de la réalité. »

© Éditions d'Organisation

Bibliographie

Robert AXELROD, *Comment réussir dans un monde d'égoïstes ?*, Odile Jacob, 1996. Parution précédente en 1992 sous le titre *Donnant donnant, la stratégie du comportement coopératif,* traduction de *Evolution of Cooperation* chez Basic Books, 1984.

Laurence BARANSKI, *Le manager éclairé, piloter le changement*, Éditions d'Organisation, 2000. Réédition en 2005.

Rachel BEAUJOLIN-BELLET (sous la direction de), *Flexibilité et performances : quelles évolutions du travail et de l'emploi ?*, la découverte, 2004.

Daniel BELET, *Devenir une vraie entreprise apprenante*, Éditions d'Organisation, 2003.

Guy LE BOTERF, *Construire les compétences individuelles et collectives*, Éditions d'Organisation, 2004.

Guy LE BOTERF, *Travailler en réseaux*, Éditions d'Organisation, 2004.

James P. CARSE, *Jeux finis, jeux infinis, le pari métaphysique du joueur*, traduit de l'anglais par Guy Petitdemange avec la collaboration de Pierre Sempé, Le Seuil, 1988.

Thierry CHAVEL, *Le coaching démystifié*, Demos, 2001.

Jean-François CLAUDE, *Le management par les valeurs*, Éditions Liaisons, 2001.

Olivier DEVILLARD, *La dynamique des équipes*, Éditions d'Organisation, 2003.

Cyril FIEVET, *Apple Pixar mania*, Eyrolles, 2004.

Sydney FINKELSTEIN, *Quand les grands patrons se plantent*, Éditions d'Organisation, 2004.

André FONTAINE, *Un seul lit pour deux rêves*, (1962-1981), Fayard.

André GIORDAN, *Apprendre*, Belin, 1998.

André GORZ, *L'immatériel*, Galilée, 2003.

Jean-Pierre GUTH et Gérard NAULLEAU, *La voiture qui a changé l'entreprise*, Éditions d'Organisation, 2003.

Gary HAMEL et C. K. PRAHALAD, *La conquête du futur*, Dunod, 1995.

Jacques IGALENS, *Tous responsables*, Éditions d'Organisation, 2004.

Philippe d'IRIBARNE, *Le tiers-monde qui réussit. Nouveaux modèles*, Odile Jacob, 2003.

Bruno JARROSSON, *Le savoir, le pouvoir, et la formation*, Éditions Maxima, 1997.

François JOLIVET, *Manager l'entreprise par projets*, Éditions EMS, 2003.

Christine KERDELLANT, *Le prix de l'incompétence*, Denoël, 2000.

Henri LABORIT, *La nouvelle grille*, Robert Laffont, 1974.

Hubert LANDIER, *L'université d'entreprise*, Éditions Liaisons, 2000.

Élisabeth LAVILLE, *L'entreprise verte*, Village Mondial, 2002.

Pierre LECLAIR, *L'action et le débat : travail, efficacité collective et coopération*, Études réalisée pour « Entreprise et Personnel ».

Jacques LECOMTE, *Guérir de son enfance*, Odile Jacob, 2004.

Didier LIVIO, *Réconcilier l'entreprise et la société*, Village Mondial, 2002.

Henri-Benoît LOOSDREGT, *Prévenir les risques éthiques de votre entreprise*, Insep Consulting Editions, 2004.

Mandfred MACK, *Pleine valeur*, Insep Consulting Éditions, 2003.

Jean-François MANZONI et Jean-Louis BARSOUX, *Relations difficiles au travail*, Village Mondial, 2004.

Abraham H. MASLOW, *Vers une psychologie de l'être*, Fayard, 1972.

Yves MÉDINA, *La déontologie : ce qui va changer dans l'entreprise*, Éditions d'Organisation, 2003.

Christophe MIDLER, *L'auto qui n'existait pas, management des projets et transformation de l'entreprise*, Dunod, 2004.

Edgar MORIN, *Les 7 savoirs nécessaires à l'éducation du futur*, Le Seuil, 2000.

Edgar MORIN, *L'humanité de l'humanité*, Le Seuil, 2001.

Edgar MORIN, *La Méthode, tomes 1 à 6 - La méthode 6, l'éthique de la complexité*, Le Seuil, 2004.

René PASSET, *L'économique et le vivant*, Economica, 1996, 1re éd., Payot, 1979.

Frédéric PELTIER, *La corporate governance au secours des conseils d'administration*, Dunod, 2004.

André-Yves PORTNOFF, *Le pari de l'intelligence*, Collection Perspectives, Éditions Futuribles, 2004.

André-Yves PORTNOFF, *Sentiers d'innovation (Pathways to innovation)*, Collection Perspectives, Futuribles, 2004.

Béatrice QUASNIK, *Libérer vos énergies*, First, 1994.

Alain RICHEMOND, *La résilience économique*, Éditions d'Organisation, 2003.

Jacques ROBIN, *Changer d'ère*, Le Seuil, 1989.

Joël de ROSNAY, *Le macroscope*, Le Seuil, 1975.

Peter SENGE, *La cinquième discipline*, First, 1991.

Hervé SÉRIEYX, *Coup de gueule en urgence*, Eyrolles, 2004.

Hervé SÉRIEYX, *Boussole par temps de brume*, Éditions d'Organisation, 2004.

Alfred P. SLOAN, *Mes années à la General Motors*, 1963, traduit de l'anglais par M. Périneau, Hommes et Techniques, 1968.

François-Noël TISSOT (cosignature), *La Programmation en Pratiques*, Éditions Recherche.

Patrick VIVERET, *Reconsidérer la richesse*, Éditions de l'Aube Nord, 2004.

Paul WATZLAWICK, John WEAKLAND, Richard FISCH, *Changement*, Points, 1975.

© Éditions d'Organisation

www.ingramcontent.com/pod-product-compliance
Lightning Source LLC
Chambersburg PA
CBHW072306210326
41519CB00057B/2845